I0156097

LA
MORTE
E LA
VITA FUTURA

—

Il Mondo della Luna degli Indiani
Il Ka degli Egiziani
Il Respiro delle Ossa nella Cabala
Il Segreto della Morte
Il Suicidio degli Uomini e il Suicidio degli Animali
La Potenza della Sessualità
La Perfezione Attraverso l'Amore
Il Senso dell'Incarnazione
Possibilità di Scegliersi la Prossima Incarnazione
Il Mondo Spirituale
La Scelta

DISCOVERY PUBLISHER

Titolo originale: La Mort et la Vie Future
2014, Discovery Publisher
All rights reserved

Per l'edizione italiana:
©2016, Discovery Publisher

Tutti i diritti riservati.
Nessuna parte di questo libro può essere riprodotta, memorizzata su
supporto informatico o trasmessa in qualsiasi forma e da qualsiasi
mezzo senza un esplicito e preventivo consenso da parte dell'editore.

Autore: Maurice Magre
Traduttore: Lina Canè
Caporedattore: Adriano Lucca

DISCOVERY PUBLISHER

dp

616 Corporate Way
Valley Cottage, New York, 10989
www.discoverypublisher.com
libri@discoverypublisher.com
facebook.com/DiscoveryPublisher
twitter.com/DiscoveryPB

New York • Tokyo • Paris • Hong Kong

SOMMARIO

LA
MORTE
E LA
VITA FUTURA

—

Prefazione

L'aspirazione mia è di ricondurre gli uomini alla gioia con la comprensione della morte; di allargare l'orizzonte troppo chiuso del loro avvenire fino a miliardi di secoli; d'accrescere in tutti il tesoro segreto. Che l'ammalato non tema più; che il vecchio s'allegri al pensiero della sua futura giovinezza; che l'agonizzante sia riconoscente alla luce che sta per venire; e che i familiari, nelle cerimonie funebri, cantino con spirito di gioia!

Eppure il desiderio mio è vano: lo so, giacché le creature umane nutrono in sé il dubbio iniziale con un fervore geloso che è simile a quello di chi, in una processione, regge il Sacramento. So anche che, quando si tratta della tenue vita dell'ai di là, si esigono delle prove materiali per una esistenza che non tollera materia.

E so anche che l'uomo è come un cieco al quale inutilmente si descrivono i bei paesaggi che sono innanzi ai suoi occhi chiusi, e che soltanto crede alla piccola quantità di materia toccata dalla sua mano.

Prometto una gioia illimitata, ma non pongo innanzi alcuna prova decisiva, nessun argomento perentorio; non offro nessun elisir di certezza, nessun nettare di dimostrazione matematica, nul'altro io dono se non la testimonianza di un uomo sincero.

Non scrivo per gli scienziati, abbacinati dalla luce della loro scienza, per gli ecclesiastici, schiacciati sotto il peso della calotta di bronzo del dogma, né per quelli che si dicono occultisti e che, attraverso il nulla dei loro segreti, si sono smarriti. Non scrivo per gli indifferenti, né per quelli che le quotidiane soddisfazioni della vita hanno reso miopi, non per gli stupidi che amano la loro ignoranza, né per i troppo intelligenti che sanno sempre tutto. Non scrivo per chi rispetta le vecchie consuetudini e i vecchi pensieri, per i padri di famiglia, per i parolai delle sale, delle chiese o dei caffè, per i glorificatori della vita moderna o della vita semplicemente. Non scrivo per chi difende l'ordine o per chi l'ordine vuole distrutto. E non scrivo per il ricco, perchè la parola non può superare l'ostacolo della ricchezza, e non scrivo per i poveri che soltanto aspirano a un più abbondante vitto e a un più lungo riposo. Scrivo per gli altri, i quali, forse, sono molto poco numerosi.

E forse anche essi non mi crederanno, perchè molto spesso l'atteggiamento del messaggero avvalora il messaggio e si comprende il senso delle parole per merito della bocca che sta per pronunciarle. Non mi sono avvolto nel mantello immacolato, né mi son posta sul capo la mitra geroglifica di un annunciatore venerabile della morte; non è dunque improbabile che, non avendo io saputo apparire importante, non mi si presti fede. Tuttavia, trasmetterò ugualmente il messaggio.

Chi l'ascolterà per la prima volta, dirà, senz'altro, d'averlo sempre conosciuto e che è cosa vecchia quanto il mondo; infatti l'età è il riconoscimento dell'eccellenza di una verità. E la virtù di questa verità è pura come il diamante, tersa come il cristallo di rocca, fluida come la luce solare del mattino. Essa è nascosta nel segreto del cuore di ogni uomo, ma è necessario strapparla dalla dura terra dell'ignoranza. Dormiva in me e s'è svegliata. Non so in quale tempo della vita mi sia stato affidato il seme, né se fu per l'opera della mano di un seminatore, o per la forza di una corrente cosmica incaricata di fecondare le anime; so che il seme s'è schiuso, ha verzicato, e che ora è come un albero, che, distendendo i suoi rami, mi dà ombra e mi protegge.

E io sono seduto sotto l'albero della gioiosa certezza; la conoscenza della morte è la massima saggezza della vita. Molte Sfingi mi hanno sorriso e parlato con benevolenza; altre, che ancora dimorano sulle vette eccelse, scenderanno forse verso di me .

Ho imparato dove è la sorgente del fiume del male e, senza pericolo alcuno, ho potuto contemplarne le acque azzurrine, dove passano i pesci ciechi e i cadaveri dal corpo di sirena. Ho scoperto che, senza saperlo, nutrivo in me il mostruoso drago dell'egoismo e ho voluto ucciderlo, ma ho capito essere impossibile cosa, ed essere egli potente e bello. Da prima ne fui rattristato, poi ho riflettuto che tutti i mostri, presto o tardi, dovranno perire vinti da un pensiero d'amore.

Assorto nella beatitudine della comprensione, ho visto che, sulla bilancia del destino, ogni felicità ha un contrappeso esatto d'intelligenza; ho imparato che il putridume della ipocrisia è il veleno della terra e che Satana, l'antico, ci è sempre accanto, sotto le mentite spoglie di un uomo onesto. Con allegrezza ho sentito sgretolarsi intorno a me le società in disfacimento e prossime a rovinare; sentendo poi l'anima mia aggrandirsi, vedendo più di prima innumerabili le stelle, moltiplicati i sistemi solari negli sconfinati spazi che potrò attraversare, ho provato una felicità senza fine. Tutto questo lo debbo alla conoscenza della morte.

Lodata sia la morte che, se si medita su di lei, si spoglia dei funebri ornamenti, lascia cadere gli ossami di parata e assume la forma della bellezza e il viso della speranza!

Capitolo I
É Necessario Studiare la Morte

Sono stupito d'avere potuto attraversare la vita senza essermi pre-occupato della conoscenza della morte; d'averne avuta sì poca cura, o meglio, tanta indifferenza. Persone care m'avevano abbandonato, non vivevano più accanto a me, e io non avevo fatto nulla per sapere come s'era trasformata l'essenza dell'essere loro. Avevo lasciato che lontanassero nell'opacità delle ombre, senza cercare di afferrare il filo colorato di sole, che avrebbe potuto unirmi a loro.

E anche sono stupito per il piccolissimo numero di persone suscettibili di una preoccupazione simile alla mia.

Ho notato che gli individui possono dividersi, in linea generale, in due classi: quelli che sono volti all'ai di la e quelli che dell'ai di là provano un terrore instintivo e si contentano dei fenomeni che cadono sotto i sensi.

Amo coloro che pensano alla morte: a quella delle persone amate e alla loro stessa. Formano costoro una famiglia poco numerosa, i cui membri si riconoscono subito alle prime parole scambiate con loro: non sono né più intelligenti, né più virtuosi degli altri, almeno nel senso rigoroso della parola. Come io stesso ho potuto osservare, lo studio della morte sviluppa alcune qualità che, indifferentemente, possono essere dette morali o immorali, ma che tuttavia indicano una certa diminuzione dell'egoismo; non si può quindi dire che essi, più degli altri, siano capaci di buone azioni; non sono meno degli altri dediti ai piaceri, anzi, talvolta, lo sono maggiormente; somigliano a uomini che, avendo una volta respirato il profumo di una Dea, non possono più dimenticarlo.

Ma se voi tentate il segreto della morte, perchè v'atterrisce, sappiate che v'ingannate; esso non vi rivelerà nulla.

Il terrore della morte è il risultato della più bassa superstizione. Molte persone cominciano a temere gli esseri che hanno amati e perduti, quando essi sono privi della minima possibilità di essere temibili. Alla morte non bisogna riguardare né per curiosità, né per timore, sibbene per amore degli altri. E allora avviene l'inatteso: nel dominio inesplorato della morte si vede molto lontano e più si guarda con sincerità di cuore, più illimitata è la visione.

A me è accaduto, dimorando costante nella meditazione del problema della morte, di vedere sorgere in me verità fino allora sconosciute, e, in un certo senso, contraddicenti a quanto avevo sempre creduto. Nessuna prova le confermava, tuttavia avevano in sé tale carattere di indiscutibilità, che mi sarebbe parsa risibile cosa metterle in dubbio.

* * *

Chiaramente un giorno ho compreso che dovevo scoprire la chiave magica del segreto della morte.

Ho pensato che il dolore è diffuso sulla terra in una proporzione infinitamente più vasta della gioia e che quello che comunemente si dice gioia di vivere, altro non è che godimento istintivo di respirare, mangiare, soddisfare appetiti sessuali, e che appena si manifesta l'intelligenza appare anche la compassione. Si può misurare il valore morale di una persona dalla sua capacità di compassione; un uomo veramente superiore, ossia totalmente compassionevole, non potrebbe sopportare l'esistenza, perchè la nostra vita rappresenta un ordine inferiore, si svolge all'infimo grado della creazione, in una specie di inferno cosmico dal quale è assolutamente essenziale uscire.

E volevo ottenere una rivelazione immediata del modo della partenza; in poche ore, volevo essere reso certo sul destino umano. Ma non vi sono libri nei quali sia esposta chiaramente tale rivelazione e, senza dubbio, non esiste fra i viventi nessuno, che possa comunicarla oralmente. D'altra parte tutto questo è molto misterioso e forse l'uomo non può conoscere quale destino lo aspetti dopo la morte per una legge primordiale dell'ordine cosmico: una di quelle bizzarre leggi che ci governano. Forti nella certezza di una vita migliore, tutti quelli che quaggiù soffrono s'affretterebbero ad uccidersi e la natura, nel suo amore per la vita, non ha voluto una estinzione contraria ai suoi scopi.

I dogmi religiosi hanno un carattere infantile e somigliano a fantasticherie escogitate o per spaventare o per muovere al riso; se poi s'interrogano i praticanti, vi dicono che i dogmi, nella loro semplicità, sono sacri, che i simboli ingenui sono venerabili, ma, a voce bassa, concludono però che non bisogna prenderli alla lettera. I grandi filosofi occidentali hanno voluto edificare sistemi sì grandiosi che si sono smarriti nei labirinti dell'astrazione e noi, dietro i loro passi, ci si smarrisce a nostra volta. Essi sono tormentati dall'ombra delle loro religioni, non si può quindi aspettare nulla, per la conoscenza della morte, dalle loro filosofie.

La conoscenza della morte s'acquista con lo studio che si fa di lei e dei dubbi dai quali si è assaliti nel corso di questo studio; molto bisogna dubitare per credere. Molti uomini hanno scritto libri nei quali sono raccolti documenti, confronti, e affermazioni di altri ricercatori, ma in quelle opere si tradisce una volontà costante di non scoprire la verità. La loro lettura però è più utile di quella delle opere dettate dalla fede sincera. Per molto tempo ho creduto di non trovare nulla nei loro scritti e, con gli scettici, ho dubitato, ma in mezzo all'oceano di quei libri m'avvenne quello che accade al navigante che, credendosi smarrito molto lontano dalle rive, s'accorge, fra la nebbia, di essere giunto proprio quando maggiormente disperava nelle tranquille acque del porto.

Non si deve trovare la fede, ma la sicurezza della propria ragione e come non è possibile acquistare conoscenza di una scienza qualsiasi in una sera di lavoro, così non è possibile, senza una lunga preparazione, percepire le vite dell'ai di là e le trasformazioni dell'uomo nel corso di quelle.

Dopo molte letture e molte meditazioni sulle diverse credenze, vidi che, dall'origine del mondo, gli uomini più saggi e più prudenti dell'umanità erano giunti alle stesse conclusioni. I Santi, i mistici e moltissimi filosofi, malgrado le diversità della loro religione, s'erano trovati d'accordo su un certo numero di punti: gli essenziali. L'accordo poi era per lo più avvenuto senza che fra di loro avessero comunicato. Servendosi di particolari diversi, davano della vita futura una descrizione somigliante. La descrizione poteva trovarsi nelle incoerenze dei visionari e di quelli che hanno affermato di vedere per un dono di chiaroveggenza, e anche poteva trovarsi, purché si cercasse attentissimamente, sotto le immense puerilità delle religioni primitive.

Quando mi fui reso conto della impressionante concordanza, m'acccorsi anche che era confermata da qualche cosa di potente e di irreducibile: dalla mia intima certezza. Quei punti essenziali circa la vita futura dell'uomo e le sue possibilità nell'ai di là, ai quali avevano creduto gli uomini migliori, più intelligenti e maggiormente degni di fede, esistevano anche in me come verità sopite. Esse, dormienti sotto la mia ignoranza e sotto il mio dubbio, si risvegliavano al contatto della certezza avuta da intelligenze superiori alla mia sulla loro esistenza. Una possibilità nuova era apparsa nella mia anima e mi permetteva di distinguere le verità dalle menzogne; io m'ero, intuitivamente, congiunto alla catena di quei saggi, che appassionatamente avevano investigato il problema della morte.

Ogni uomo di buona fede potrà, seguendo le tappe che io ho seguite, giungere alla stessa certezza e afferrare le stesse verità. Indicherò le tappe sperando d'essere giustificato se, troppo spesso, mi porterò come esempio, ma una qualsiasi esperienza non può essere compresa bene se non si indicano le reazioni personali di chi l'ha fatta. Voglio sperare che la mia sia profittevole alle anime che la seguiranno come è stata profittevole a me.

Tuttavia, benché i vantaggi siano senz'altro immensi, non bisogna contarci troppo: non diminuiscono la somma dell'elemento dolore nel quale ciascuno deve vivere; la malattia non è meno penosa a sopportarsi, non meno tormentoso l'essere dimenticati da chi si ama; la dimenticanza anzi sarà più dolorosa, perchè ferirà un elemento al quale si riconosce un carattere eterno. Ma infine si sa la specie della corrente che ci trascina, si pone un limite alla sua speranza, si sa che il passaggio della morte non conduce al subito regno della giustizia, si sa che le stesse leggi, nella loro trascendente assenza di moralità, continuano a esercitarsi per i morti come per i vivi. Ci si può dunque preparare a servirsi di loro per evitare il dolore, per non perdere quello che amiamo, per perfezionarci attraverso l'amore. Dal punto di vista della pratica della vita si giunge a comprendere il mistero nascosto nella più ammirabile e più pericolosa parola: **La vita è bella!**

Per la magia di queste quattro parole gli uomini ingannano se stessi precludendosi un più vasto orizzonte. La conoscenza della morte fa comprendere la bellezza e il rapporto che essa ha con la vita. Sempre, quando l'intimo spirito traspaia nel movimento delle forme, v'è bellezza. In verità, la vita è bella, ma non soltanto la vita passeggera sulla quale i tramontanti soli mandano bagliori fuggitivi, durante la quale i bei visi feminei sono per un istante illuminati, ma la vita immensa: quella che precede e segue la nostra. Più ci allontaniamo dal mondo terrestre, più ci avviciniamo al mondo dello spirito. Attraverso la porta della morte si giunge alla bellezza.

Capitolo II
Il Silenzio dei Fondatori delle Religioni

Sono esistiti grandi fondatori di religione, saggi che traversando la vita, hanno promosso dei involgimenti di popoli; molti sono stati deificati, perchè la perfezione della loro vita li ha fatti considerare divini, o perchè loro stessi, nei loro discorsi, hanno invocato una filiazione diretta di Dio.

Costoro, mi son detto, hanno posseduto i segreti dell'ai di là; non li hanno rivelati a tutti, non si trovano nei libri segreti del loro culto, o nei riassunti dei loro colloqui, ma, forse, li hanno segretamente confidati ai discepoli, giacché è molto difficile tenere per sé soltanto una verità d'ordine universale e di un così potente interesse. Forse è stata espressa in forma simbolica e la sua luce, forse, può trasparire in qualche parte delle loro conversazioni. Conviene dunque conoscere, in tutti i suoi particolari, la vita degli inviati di Dio, dei Maestri illuminati e sapere le parole che, sotto qualche albero d'Oriente dalle foglie silenziose come i misteri dell'anima, hanno detto, al tramonto del sole, a qualche giovane discepolo vestito di bianco e avido di conoscenza.

Gli insegnamenti dei grandi maestri mi riservavano una delusione.

«Quando non si sa che cosa sia la vita, come potremmo conoscere che cosa sia la morte?» Così, con una potente logica, il cinese Confucio. Buddho ripeteva continuamente che la sua dottrina era soltanto un metodo per sfuggire al dolore delle vite successive e che non occorreva occuparsi di metafisica. Le idee di Pitagora erano circondate dai numeri simili a piccole, misteriose creature, che ne precludevano l'ingresso. Socrate, per le piazze di Atene, con le sue continue domande, sembrava essere stato più desideroso d'istruire se stesso che gli altri. Gesù aveva sì parlato di un regno di Dio, al quale si giunge dopo la morte, ma non ne aveva detto nulla di determinato, se non che al ricco è assolutamente impossibile pervenirvi, il che, in certi casi, potrebbe anche essere ingiusto. Il paradiso di Maometto, invece, era inverosimile come un sogno infantile ed offriva troppe certezze di godimenti con troppa precisione descritti. Tutti i profeti sembravano non avere nulla saputo di esatto di quanto avviene all'uomo dopo la morte.

E un'altra delusione, forse più amara dell'insoddisfatto mio desiderio di conoscenza, mi aspettava nella storia leggendaria dei profeti.

Io presto fede alla leggenda: gli aneddoti, le particolarità del carattere, i racconti piccanti tramandati di bocca in bocca costituiscono per me la migliore certezza della storia, li trovo più autentici degli avvenimenti scientificamente riconosciuti reali. Non dubito affatto della esistenza dei personaggi leggendari e se una parola grave di significato ha potuto attraversare i secoli, penso che, con molta probabilità, è vera. Io dunque, seguendo il racconto della loro vita, ho ascoltato proprio la voce dei profeti, ho veduto svolgersi innanzi a me le loro vere azioni, e, con uno sforzo d'intuizione, sono riuscito a sentire profondamente la loro natura, così come sento quella degli uomini ancora viventi intorno a me.

Confucio, quegli che ha moralizzata una terza parte dell'umanità e impresso per venticinque secoli nell'anima dei Cinesi l'amore dei riti e il culto degli avi, aveva dato, durante la vita, l'esempio di una miserabile ambizione, il suo ideale essendo sempre stato quello di diventare il ministro di un re. Egli, che sopra ogni altra cosa poneva la pietà filiale, non visitò mai la tomba paterna. Adulava a tal punto i potenti da imporre al figliolo, quando nacque, il nome di Carpio, soltanto perchè il sovrano del paese gli aveva quel giorno inviato uno di tali pesci. Un giorno, avendo visto un padre percuotere con un bastone il figliolo, rimproverò acerbamente il ragazzo d'avere sopportato stoicamente le battiture e di non essere fuggito. Il bastone del padre era molto pesante e gli avrebbe potuto causare la morte; egli dunque aveva mancato al suo dovere di pietà filiale, correndo il rischio di fare del padre un assassino. Morente, dichiarò ai discepoli che sulla terra non vi era nessun principe intelligente, perchè nessuno gli aveva affidato la direzione del proprio Stato; e una delle sue ultime preoccupazioni fu quella di dichiararsi discendente degli imperatori della dinastia degli Inn, affermazione questa per nulla vera e che sta a dimostrare uno smodato orgoglio.

La vita di Buddho è una serie di avvenimenti poetici e morali e costituisce la più bella storia che, dal cominciamento del mondo, sia stata scritta; tuttavia, leggendo i racconti dei colloqui di Buddho col re Magadha, e vedendo la sua estrema prudenza di fronte alle autorità del suo tempo, il suo rispetto per l'ordine sociale, non ho potuto fare a meno di preferire la formidabile indipendenza di Gesù. Buddho fu il capo di una immensa congregazione di monaci dalla quale, però, furono esclusi, per non turbare l'organizzazione dell'ordine temporale, gli schiavi, gli incaricati di qualche ufficio nel governo regio e, cosa più ingiusta, gli ulcerati, i foruncolosi, i ciechi da un occhio, gli eunuchi e chi sul corpo aveva i segni della flagellazione.

Tuttavia Buddho accolse fra i discepoli il brigante Angulimala, che attorno al collo portava una collana fatta con le dita degli uccisi, e quando il re Magadha, dopo aver fatto assassinare il padre, gli chiese se la sua azione poteva avere delle dolorose conseguenze sulla vita futura, egli rispose ambiguamente e non umiliò il parricida, perchè era un re. Se ci si libera dal giogo degli Dei, ci si deve anche liberare dal giogo degli uomini.

La morte di Socrate, come è stata raccontata da Platone, riempie l'animo di maraviglia; conviene tuttavia riconoscere che il disprezzo della morte è una virtù che s'incontra anche presso molti uomini comuni. Le idee personali che mi son fatto delle virtù somme non permettono a queste grandi virtù di essere praticate insieme con quelle che si esigono da un soldato. Socrate fu un oplita coraggioso e, benché non fosse stato incaricato di nessun comando, fu molto considerato dai compagni di arme per l'animo intrepido. Anche Socrate dunque, durante gli a corpo a corpo dei combattimenti, nei quali l'uomo perde la coscienza di se stesso, vede allontanarsi la nativa compassione, e si lascia dominare dal piacere d'uccidere, dovette ferire il corpo dei nemici della patria, lanciando giavellotti o vibrando l'acuminata lancia.

L'indovino fisionomista Zopyro riconobbe sul volto di Socrate i segni di una possente sensualità e quando i discepoli, avendolo saputo, ne furono sorpresi, Socrate disse: «Bene ha visto Zopyro».

Nella vita di Gesù mi sorprese anche maggiormente una certa violenza e, fino a un certo punto, un piacere di vendetta. Gli è che non si vorrebbe trovare, nei grandi modelli dell'umanità, quello che maggiormente rimproveriamo a noi stessi e che giudichiamo essere la parte inferiore della natura umana.

Pieno di furore egli grida:

«Serpenti, razza di vipere, come eviterete d'essere condannati al fuoco dell'inferno?»

E a colpi di frusta caccia dal Tempio i trafficanti. Certamente c'erano là anche molti piccoli e inoffensivi commercianti, che mantenevano la loro famiglia col guadagno del commercio dei talismani e degli oggetti del culto e che non meritavano quella brutale aggressione. Fa uscire i demoni dal corpo di un invasato e li fa passare in una mandria di porci che, precipitando in mare, s'annegano. Ho compassione degli innocenti animali e dei proprietari ingiustamente privati del loro avere.

Venne a lui una donna, dice il Vangelo, recando un vaso d'alabastro pieno di profumo di grande valore e, mentre egli era seduto a tavola, glielo versò sul capo. I presenti, giustamente, pensano che vendendo il profumo, si sarebbe potuto ricavare molto danaro da distribuire ai poveri, ma egli è entusiasmato di quell'omaggio che, evidentissimamente, appartiene al regno di questa terra.

Maometto, la cui religione, ora, più di ogni altra, fa proseliti, mi sconcertò ancora di più. Che egli, negli ultimi anni della vita, abbia avute dieci mogli e non quattro, come tollera il Corano, che si tingesse le sopracciglia di nero e le unghie di rosso con l'henne, non mi scandalizza affatto. Ma questo abilissimo capo della tribù di Medina, avendo vinto la tribù giudea di Benu-Korayzha, ordina di massacrare i cento prigionieri fatti e vende le donne e i fanciulli come schiavi. Durante un'altra vittoria, si impadronisce di un certo Nahdr-Ben-Harth, uomo di lettere che alla Mecca lo aveva contraddetto; riflette per tre giorni, poi lo fa uccidere.

Approfitta di una controversia sorta tra gli abitanti di Medina e i Giudei per togliere di mezzo i nemici personali. «Due cose vi sono che mi entusiasmano, diceva egli: le donne e i profumi». Una volta vede la bella Zeinab, moglie del suo figliolo adottivo e ne ama il profumo. Il figlio adottivo deve subito divorziare per lasciargli il possesso di quella nuova donna.

Chiedo scusa se ho portata sì poca luce dal cammino che ho percorso insieme con quelli che la detengono e che se ne mostrano prodighi con tutti; tuttavia li ho accompagnati fedelmente. Ho spiato il sorriso delle loro labbra per sapere se l'ironia s'accompagnava alla saggezza; ho ammirato la linea talvolta teatrale del loro mantello, felice che una certa bellezza di portamento non fosse incompatibile con una grande compassione.

Chiedo scusa se sono stato deluso: avrei voluto che la loro compassione fosse stata più dolorante; avrei voluto che non avessero sopportato il dolore dell'umanità e che, invece di bere la cicuta o di salire sulla croce, fossero morti per la grande pietà. Chiedo scusa per l'esigenza mia grande, che non è giustificata da nulla. Là dove io ho creduto vedere delle debolezze v'erano forse nascoste delle virtù sublimi? O non sono piuttosto le debolezze inerenti alle sublimi virtù e i sermoni sulle montagne hanno forse un valore, perchè il cammino verso la vetta è irto di rocce sulle quali si cade? Chiedo scusa se, presso tutti i maestri spirituali, ho trovato quello che mi sembra più spiacevole del vizio: l'orgoglio. Forse anche è pazzia porre in sì alto grado la modestia e desiderarla nelle personalità quasi divine. Chiedo scusa se non ho saputo ascoltarli, o se non li ho capiti; nessuno di loro però mi ha rilevato il segreto che pretendevano conoscere. Forse anch'essi, molto semplicemente, lo ignoravano, o ne possedevano soltanto una quasi certezza. Ho dovuto cercarla altrove, là dove si trova, nella compatta materia delle dottrine, nelle tenebre delle filosofie, sotto il velame delle rivelazioni particolari, giacché l'invisibile catena d'argento della verace parola non ha cessato di passare di età in età e, per merito suo, gli uomini avidi di sapere, trasmettendosela, sono uniti gli uni a gli altri. Questi uomini, che non hanno voluto rinomanza e che, molto spesso, sono rimasti oscuri, sono il vero seme spirituale dell'umanità.

Chiedo scusa se ho voluto unirmi a questa fraternità meno gloriosa che, lontana dalla via maestra delle religioni, ha trovato l'angusto sentiero che conduce alla conoscenza della morte.

Capitolo III
Il Mondo della Luna degli Indiani

La filosofia dell'India è simile a una misteriosa foresta nella quale tutte le piante della creazione s'intrecciano; essa è così irta di ripetizioni, di parole incomprensibili, d'invocazioni a numerosissimi Dei che il penetrarvi è difficile.

In questa foresta, i Veda primitivi s'ergono al cielo come colonne di preghiere, il Ramayana e il Mahabharata si estendono immensamente, il Tripitaka è una triplice conca dai boschetti di sermoni e dai cespugli di regole cantate, il Loto della buona legge e il Loto della misericordia fioriscono negli stagni dalle acque tranquille. Sembra impossibile potere tutto abbracciare e tutto penetrare, ma se non ci si lascia spaventare dai Mantras, dai Jatakas, dalle Udanas e dalle leggi severe di Manu, si trova alfine, sotto la montagna delle vegetazioni, la piccola e chiara fonte alla quale si può saziare la propria sete di conoscenza.

Nell'antica dottrina brahamanica, l'anima individuale dell'uomo è identica all'anima universale e trasmigra attraverso una serie di esistenze dolorose. La liberazione dalla sofferenza s'ottiene attraverso la coscienza della propria identità con l'anima del mondo e si raggiunge soltanto con la riunione all'anima universale. Ciò costituisce il Moksa, la salvezza*.

Secondo gli inni vedici e i Brahamana, il defunto attraversa un periodo intermedio di un anno durante il quale può visitare spesso i luoghi dove ha vissuto. Questo periodo può essere paragonato a quello di uguale durata che la religione giudaica stabilisce per la separazione del doppio. Per questa ragione, alle famiglie era interdetto di visitare le tombe per il periodo di un anno. I racconti popolari dell'India, come, del resto, quelli di tutti i popoli, sono pieni di racconti di spiriti.

I pensatori indiani non mettevano in dubbio la sopravvivenza dell'ani-

* OLTRAMARE, *Storia delle idee teosofiche nell'India.*

ma, che era un fatto stabilito e considerato come indiscutibile. Questa certezza veniva loro certamente da una eredità primitiva di conoscenza, quando la tradizione era ancora orale. Fin dai tempi più antichi essi avevano stabilito il destino dell'anima dopo la morte.

Vi sono due strade: quella dei Padri e quella degli Dei. Dopo la morte, alcune anime vanno nella Luna, altre nel Sole; naturalmente qui le parole Sole e Luna vanno prese in senso simbolico. Su questo principio primitivo fu poi edificata una moltitudine di teorie discusse da una moltitudine di sètte. Tutta la filosofia indiana, che ha raggiunto il suo punto culminante nell'ottavo secolo dell'era nostra con Sankara e la sua scuola, poggia sulla saggezza antica, che si trova negli scritti primitivi e, in fondo, altro non è che una spiegazione e un commento di quella.

Al momento della morte, gli elementi sottili dell'essere si concentrano nel cuore, poi s'inalzano e l'anima abbandona il corpo per il sommo del capo.

L'uomo comune, «l'uomo che non sa, dice Sankara, ritornando ai suoi elementi sottili, che costituiscono il seme del corpo futuro, emigra accompagnato dalle sue opere precedenti e s'incarnerà nuovamente».

Questo è il destino degli uomini comuni dei quali, è bene ricordarlo, è formata la maggior parte delle creature. Le opere, il Karma, determinano la vita futura dell'uomo che si è avviato per il cammino dei Padri e che giunge nel mondo della Luna. Costui, legato alla catena delle trasmigrazioni, ritornerà sulla terra, dopo un passaggio attraverso una serie di stati diversi, che i testi, simbolicamente, chiamano etere, aria, pioggia.

Gli uomini virtuosi e più evoluti nella conoscenza, s'avviano per la strada degli Dei e raggiungono il mondo del Sole. Là godono d'una immortalità relativa, che s'estende a uno o a più periodi cosmici, ma a un dato momento del tempo, dovranno riprendere il cammino delle trasmigrazioni.

La salvezza definitiva si ottiene soltanto con la liberazione che permette di sfuggire al mondo delle forme.

«La liberazione può essere raggiunta soltanto per mezzo di una diretta percezione dell'identità dell'essere individuale con l'Io universale. Tale percezione non si ottiene né con lo Yoga (disciplina fisica), né con il Sankhya (filosofia speculativa), né con la pratica delle cerimonie religiose, né con la scienza pura»*

Chi ha conseguito la liberazione attraverso la conoscenza interiore, che è assolutamente diversa da quella dei libri, ha superato il mondo degli Dei, è uscito dalla corrente delle forme, gode della beatitudine eterna, s'è identificato con l'anima universale.

La riforma operata da Buddho nelle dottrine brahamaniche fu solamente l'introduzione di un metodo atto alla liberazione e alla soppressione del ritorno delle nascite future e delle future morti. Buddho, come tutti i grandi riformatori spirituali, rivelò una parte di quello che deve rimanere nascosto e ciò fece dire che egli fu escluso dall'Agartha e che non ottenne mai la suprema iniziazione.

Ciò nonostante egli si è sempre rifiutato di spiegare chiaramente quello che avviene all'uomo dopo la morte; volentieri egli diceva essere tale conoscenza inutile alla liberazione e, senza dubbio, egli pensava potesse ritardarla. Non c'è altra ragione del suo silenzio. E invero, se si ha la certezza di stati di beatitudine che, se non sono eterni, sono tuttavia lungamente durabili, si proverà dopo la morte il desiderio di godere quegli stati e si rimetterà a più tardi la liberazione finale.

Tuttavia, nei colloqui coi suoi discepoli, ha rivelato le certezze che egli possedeva.

Buddho ammetteva la reincarnazione in diversi ordini di creature, quali le bestie, i demoni, gli uomini e varie categorie di Dei. Quando l'anima si separa dal corpo, la potenza del desiderio la precipita in un germe di vita, che subito si sviluppa in un organismo produttore di coscienza. La nascita futura è determinata dalla qualità dei desideri che si sono sviluppati durante la propria vita; più i desideri sono di natura materiale e più è basso il mondo verso il quale si è attirati; più si è sviluppata una coscienza elevata e spirituale, più l'organismo dove l'anima si proietta offrirà nuovi mezzi di progresso. L'anima però non può liberamente scegliere, perchè la morte toglie ogni possibilità di scelta: una totalizzazione incosciente delle sue possibilità la precipita nel mondo del quale si è fatta degna, in mezzo a esseri che le sono simili.

E' logico allora che le azioni compiute valgano meno delle intenzioni

* Sankara.

che intimamente si hanno avute e che il piatto della bilancia determinante penda sotto il peso delle vere facoltà intime. Si potrà usufruire della totalità dei propri atti soltanto quando le azioni siano i simboli delle vere intenzioni e delle vere virtù. Questa legge è però meno rigorosa di quanto, a prima vista, appaia.

Ognuno va verso quel regno dove lo chiamano le sue affinità, a quello che gli è più consono; ognuno ha la possibilità di soddisfare le proprie aspirazioni, soltanto che questa possibilità costituisce un obbligo. L'uomo dalle tendenze assolutamente bestiali rinasce in un mondo di bestie; vedremo che questa idea, che sembra contraria alle nostre abitudini occidentali di pensiero, è stata professata da tutti i grandi filosofi greci.

Ciò che nell'insegnamento di Buddho sembra più sorprendente è l'assoluta, quasi magica potenza che egli attribuisce al desiderio. Anche se, per il distacco dalle cose terrene e per l'amore della conoscenza, s'è raggiunto il mondo degli Dei, anche se vi si godono le maraviglie del pensiero, anche dopo milioni di secoli, un solo desiderio materiale è sufficiente per precipitare l'antico Dio nel mondo inferiore, nel quale sarà trascinato da un desiderio all'altro e dove l'antica corsa, con le stesse difficoltà e le stesse sofferenze, ricomincerà.

In tal modo Buddho insegnava che qualsiasi forma di incarnazione, anche le più elevate, sono causa di dolore, e soltanto sono diverse per la durata. Brahama stesso morirà un giorno. E' necessario superare il mondo della pura gioia e della speculazione ideale con l'annientamento di ogni desiderio, anche del più spirituale, e raggiungere l'esaltazione super-cosciente del Nirvana.

Capitolo IV
Il Ka degli Egiziani

Chi voglia conoscere l'antica religione egiziana, è accolto da un personaggio silenzioso, multimillenario, unto di balsami e di sali, impregnato di natron, serrato nelle bende e con uno scarabeo metallico nella regione dove battè il cuore. Questa creatura d'oltre tomba, e tuttavia ancora vivente, non ha bisogno, per insegnargli quello che la più antica scienza del mondo sapeva intorno alla morte, di tendergli il papiro coperto di geroglifici che ha sotto il braccio, quel papiro che, non ostante tutte le ricerche dei Maspero e dei Lepsius*, nasconde ancora il suo indecifrabile enigma. Alla mummia è sufficiente essere presente nel suo stretto sarcofago, perchè dopo parecchie migliaia di anni reca testimonianza di quel prodigioso amore che gli Egiziani sentirono per l'esistenza e per il quale vollero prolungare la vita, benché affievolita, anche dopo la morte.

Ritardare la morte fisica, dare all'essere anche dopo la morte la possibilità di godere della sostanza adorata! Ecco quello che, in una certa misura, gli Egiziani hanno realizzato imbalsamando il corpo. Essi accompagnavano l'imbalsamazione con riti magici dei quali non sappiamo più nulla, e per i quali attiravano intorno al corpo imbalsamato delle correnti magnetiche sufficienti a creare una possibilità di vita precaria, appena fisica.

Finché la forma resiste col suo contorno e con la sua imagine, il Ka, il doppio, che poi altro non è che il corpo astrale degli occultisti e dei teosofi, possiede un punto d'appoggio terrestre al quale rimane unito; finché la spoglia sopravvive, il Ka gode di una specie difficilmente

---

* I maestri dell'Egittologia non si trovano d'accordo sulla interpretazione dei simboli, sul senso dei testi e delle iscrizioni. Le congetture spesso avventate nascondono malamente le gravi lacune della scienza positiva. Quesiti fondamentali restano senza risposta. (CHANTEPIE DE LA SAUSSAYE, *Storia delle Religioni*).

misurabile di beni materiali. Perchè egli senta la gioia del nutrimento, debbono esserci nella tomba simboli di alimenti; similmente, la voluttà della carne gli è procurata dalle imagini degli esseri desiderati durante la vita. Ogni morto è circondato da tutto quello che ha costituito il suo piacere o la sua preoccupazione sulla terra. Non ostante la forma invisibile, il Ka ha possibilità maggiori di quelle che si potrebbero supporre: nell'ai di là si occupa di filosofia e di magia. Nella tomba di una certa Myritide, reputata maga, si è trovato una lampada a sette becchi, uno specchio convesso, un tamburello da sacerdotessa isiaca, perchè ella potesse continuare le sue operazioni magiche; v'erano ancora diversi papiri sui quali il Ka senza viso si piegava per continuare i suoi studi*.

La vita del doppio costituiva un arresto dei procedimenti della natura; ritardava la legge delle trasformazioni; immobilizzava nella sfera delle attrazioni fisiche l'essere, il quale, però, presto o tardi doveva ripartire per il viaggio al quale nessuno può sfuggire.

Oltre il Ka, ognuno possiede un Ba: l'anima, simbolizzata dagli Egiziani, per la sua capacità di inalzarsi facilmente nello spazio, con un uccello: sparviero, rondine o ibis. Nell'anima immortale dimora la coscienza dell'uomo. Essa è un raggio emanato da Ammon-Ra, lo spirito nascosto, l'intima essenza del sole. L'anima, di natura divina, dopo la definitiva separazione dal corpo e dal doppio, intraprende il viaggio dell'ai di là.

Le locuzioni dei diversi simbolismi e i nomi degli Dei le cui insuete consonanze altro non fanno che scoraggiarci, non importano, e poco importa che invece del Caronte dei Greci sia Un-Nefer che conduce i morti egiziani e che il fiume sotterraneo sul quale l'anima deve imbarcarsi abbia le sorgenti ad ovest da Abydos. Quello che veramente importa è che all'anima, per arrivare alla fine del suo viaggio, è indispensabile una certa somma di conoscenza spirituale. La quale conoscenza, essa sola, permetterà al morto di dominare con la potenza dello sguardo i mostri che lo circonderanno. Guai a chi non la possiede! Guai all'ignorante! La sua virtù non gli basterà; egli resterà nel regno delle ombre e dei vani terrori.

Chi invece sa, risponderà saggiamente alle domande dello strano noc-

* Vedi: ENRICO DURVILLE, *La scienza segreta.*

chiero di una nuova barca sulla quale egli solcherà il fiume che lo separa dai Campi Elisi*.

Finalmente giungerà innanzi a un tribunale presieduto da Osiride e composto di quarantadue giudici. Ad ogni giudice corrisponde una colpa che l'uomo ha potuto commettere sulla terra e che egli giustificherà d'avere commessa. Ogni giudice è il contrario di una colpa, è cioè una virtù. Il morto si confessa e il suo cuore è posto sulla inesorabile bilancia, che si trova in tutte le descrizioni fatte del mondo di là da tutte le religioni. In virtù della levità del suo peso, l'anima ottiene la liberazione dai legami terreni. Se il peso dei desideri e delle forze del male che ella possiede non la trattengono, diventa un Khu luminoso, s'inalza, si slancia nella regione solare, verso Ammon-Ra e, con lui identificandosi, diventa il sole stesso.

Se l'anima non possiede la possibilità per una simile identificazione, è dalla sua stessa natura condannata a errare nelle sessantacinque regioni dell'inferno, dove subisce supplizi che, con una illogicità troppo evidente per essere discussa, tutti i simbolismi infernali ci descrivono come materiali. Poi è di nuovo attirata nei corpi umani o animali.

Il ritorno non è confermato dai testi egiziani rigorosamente formali; in realtà, si può dire che non esistono testi formali sull'antica credenza dell'Egitto. Erodoto e, più tardi, Servio hanno affermato che gli Egiziani credevano alla dottrina della trasmigrazione delle anime. Alcuni passi del **Libro del Respiro** e anche del **Libro dei Morti**, lo confermano, questo però non è stato sufficiente agli studiosi della religione egiziana; volutamente dico studiosi, perché i veri Egittologi sono incerti e contraddicenti innanzi al mistero dei testi. Il **Libro dei Morti**, che costituisce la base di ogni studio, sembra incomprensibile, forse per colpa dei traduttori; ciò nonostante, molti occultisti lo spiegano con facilità e ammirazione, non trovandovi nulla di oscuro. «Monumento di stravaganze e d'imposture» dice Salomone Reinach di questa venerabile e

---

* Nel *Libro dei Morti* non solo il pilota, ma anche la navicella rivolge delle domande all'anima. L'albero maestro, il remo, il timone lo interrogano direttamente. Per fortuna il morto ha sotto il braccio un libro di riti funebri dove trova delle assennate risposte.

misteriosa opera.

Nulla è più sconcertante del constatare che lo stesso avviene per tutti i documenti della saggezza antica. Bisogna scegliere fra le interpretazioni opposte. Da una parte, quelle degli illuminati, pieni di fede, che agitano gioiosamente il maraviglioso e ne fanno scaturire illusorie scintille; dall'altra quelle dei dottissimi scienziati, i quali, studiando i papiri con lenti troppo esatte, finiscono col non vedere più nulla.

Capitolo V
Il Respiro delle Ossa nella Cabala

La Cabala, cioè la dottrina esoterica degli Ebrei, fa risalire la sua tradizione a una rivelazione primitiva. «Dicono i Cabalisti a questo riguardo: Prima Iddio insegnò la dottrina al mondo angelico; dopo la caduta degli angeli, Adamo conobbe i misteri; da Adamo la conoscenza fu trasmessa a Noè, ad Abramo e, infine, a Mosè. Dai patriarchi ai profeti e così di seguito, la trasmissione non subì interruzione»*.

Sempre si desidera riferirsi a una filosofia le cui origini siano antiche, ma non bisogna passare il segno, perchè la fiducia che si può avere su una tradizione è molto diminuita quando s'impara che tale tradizione è stata dettata da Dio stesso.

Nei libri giudaici, oltre l'orgoglio per la loro origine, si trova una terribile severità, che contraddice a quello spirito di bontà che la nostra logica spera trovare maggiormente via via che ci si inalza nella gerarchia degli esseri intelligenti. E' vero che la natura, negli effetti delle sue leggi, è spietata, ma se ci pieghiamo innanzi agli ineluttabili effetti di una causa cieca, ci ribelliamo giustamente se scorgiamo la violenza, l'assenza di perdono, il piacere di castigare in una intelligenza superiore alla nostra e alla quale sarebbe devoluto il compito di reggere l'umanità. «Il rigore è indispensabile alla punizione dei colpevoli» si legge nello Zohar, il libro nel quale il rabbino Simone-Ben-Jochai ha raccolto dai testi più antichi le più vetuste tradizioni del popolo ebreo e dove i pagani, per il solo fatto d'essere stati pagani, si vedono trasmigrare in corpi di porci.

Ma le tradizioni riflettono le virtù e i difetti della razza che le interpreta: un popolo rigoroso e violento le traduce nel rigore e nella violenza. Tuttavia, anche nei libri ebraici, si trova l'espressione della verità eterna.

Secondo la Cabala, l'uomo oltre il corpo fisico, possiede molti corpi

* PAOLO VULLIAUD, *La Cabala degli Ebrei*.

invisibili che si compenetrano e si dissociano al momento della morte. Vi è il corpo vitale e passionale (Nephesch), l'anima (Ruach) e lo spirito, l'essere vero (Neschamah). Queste tre parti dell'uomo non sono assolutamente distinte, si confondono l'una nell'altra come i colori dello spettro solare i quali, benché successivi, si mescolano per sfumature. Le tre parti corrispondono poi a tre mondi diversi di cui sono l'espressione umana: la parte più sottile del Nephesch corrisponde alla parte inferiore del Ruach, e la parte più sottile del Ruach corrisponde alla parte meno sottile del Neschamah. Lo spirito superiore, Neschamah, è in contatto con lo stato della spiritualità assoluta: la divinità. La caduta, secondo i Cabalisti, ha allontanato l'uomo dallo stato divino, che egli ritroverà quando tutto quello che v'è in lui di spirituale si sarà purificato.

Il lavoro della morte si protrae per un periodo molto più lungo di quanto ordinariamente pensiamo. Il Neschamah, lo spirito, abbandona per primo il corpo, prima del momento che noi chiamiamo morte. L'anima, dopo essersi diffusa per tutti gli organi, diffusione che costituisce il sussulto dell'agonia, si rifugia nel cuore che è il centro della vita. La separazione dal corpo può essere talvolta dolorosa, per esempio quando l'anima esita tra le alte regioni spirituali e le inferiori fisiche. Al minuto estremo, l'anima abbandona il cuore e, con l'ultimo respiro, esce dalla bocca. Il Talmud distingue novecento specie diverse di morte. Quando la morte è dolorosa, il morente prova la sensazione di una grossa fune di capelli strappata dalla gola.

Dopo la partenza dell'anima, il corpo sembra morto, ma il Nephesch sussiste ancora. L'essenza vitale ha conservato delle affinità col corpo ed è necessaria l'opera della decomposizione e dei Masikim, spiriti cattivi, per obbligarla ad allontanarsi. La disintegrazione è assoluta soltanto dopo molto tempo: ordinariamente persiste fino alla putrefazione totale e anche allora qualche cosa del Nephesch sussiste e scende nella tomba insieme con le ossa. E' il principio imperituro del corpo materiale e costituisce lo Habal di Garmin o corpo della resurrezione*.

---

* Il dogma della resurrezione della carne è *a priori* di una evidente inverosimiglianza; tuttavia pu ò essere preso nel senso di una resurrezione operata dal ricordo. In un tempo lontanissimo che ora non è possibile precisare, la coscienza

Intanto i tre corpi essenziali dell'uomo, separati dalla morte, hanno raggiunto i tre mondi diversi verso i quali, dalla loro particolare natura, sono attirati, ma, durante i primi sette giorni, l'anima va e viene dalla casa dove il morto ha abitato alla tomba dove il corpo riposa. Al momento della morte ha ottenuto l'autorizzazione di vedere i parenti e gli amici morti con l'aspetto che avevano quando li ha conosciuti; vede anche i viventi tristi e in lacrime nella casa del melanconico ritorno senza forma.

Il respiro delle ossa rimane aderente al corpo e, nella tomba, prova una oscura sensazione di riposo che non deve essere turbata. «Per questo era proibito ai Giudei di seppellire una vicina all'altra le persone che nella vita erano state nemiche o di porre un santo uomo accanto a un criminale. Contrariamente, si aveva cura di dare una sepoltura unica a coloro che si erano amati, perchè nella morte il loro attaccamento continuasse». Si poteva evocare il respiro delle ossa, ma questo costituiva per il morto un grave turbamento, perchè, non ostante la dissociazione dei corpi, Nephesch, Ruach e Neschamah rimanevano uniti da un sottile legame a quel soffio. Per questo l'evocazione era severamente proibita.

«Se una simile cosa fosse permessa ai nostri occhi, dice lo Zohar, potremmo vedere nella notte, quando viene il Sabba, o alla luna nuova, o nei giorni di festa i Diuknim (spettri) levarsi sulle tombe e glorificare il Signore».

Il corpo vitale, l'anima e lo spirito, anche quando hanno raggiunto i loro mondi rispettivi, rimangono uniti e formano ancora uno, perchè i mondi dove vivono si compenetrano e non sono separati da nessuna distanza. I loro intimi rapporti sono governati dallo «Zelem, che è il loro involucro comune e che corrisponde all'apparenza corporea dell'uomo originale». Lo Zohar dice che «la bellezza dello Zelem dipende dalle buone azioni compiute dall'uomo quaggiù»*.

Se l'uomo, durante la vita si è purificato, è ammesso all'ingresso degli

---

umana avrà forse raggiunto tale sviluppo che potrà, se vorrà, ritrovare gli antichi suoi stati, servendosi della ricordanza, la quale sarà poi tanto potente che saprà ridare alle cose passate una realtà maggiore della nostra presente realtà terrestre. Il respiro delle ossa sarebbe il legame che unisce la coscienza al suo passato.

* C. DE LEININGEN, *Comunicazione alla Società Psicologica di Monaco.*

Eden, chiamati palazzi dallo Zohar e che s'inalzano secondo i diversi gradi della spiritualità. I palazzi sono sette, ma sei solamente sono accessibili all'uomo, il quale può attraversare il settimo soltanto per pochi secondi. Se la purificazione sulla terra non è stata sufficiente, l'essere, prima, viene precipitato in uno dei sette inferni che corrispondono ai sette Eden, poi, è condannato a ritornare sulla terra in nuovi corpi.

I Cabalisti moderni non credono alla dottrina della trasmigrazione, ma nello Zohar si trovano passi frequenti intorno a questa dottrina.

«Le anime che quaggiù trasmigrano in corpi d'animali assumono la forma dell'involucro che le circonda: la forma di animali puri; gli spiriti dei pagani che trasmigrano quaggiù assumono l'aspetto di animali impuri» (Zohar, I, 20 B).

«L'anima dell'uomo senza figli non può ritornare sulla terra in un corpo di uomo. In questo caso l'anima ritorna come madre, e quella della madre come figlio» (Zohar, III, 100 B).

Un po' più oltre è detto che il mutamento di sesso è sì doloroso che nessun altro dolore fisico gli è confrontabile.

«Quando l'anima non ha compiuta la sua missione durante il passaggio sulla terra, è sradicata e trapiantata di nuovo sulla terra, come è detto nel libro di Job: E l'uomo ritorna sulla terra! Le trasmigrazioni sono inflitte all'anima come punizione e sono varie come varie sono le colpe. Ogni anima che, nel suo passaggio in questo basso mondo, si è resa colpevole, è obbligata, per punizione, a tante trasmigrazioni quante le sono necessarie per raggiungere, perfezionandosi, il sesto grado della regione donde emana» (Zohar, II, 94 A).

Da questa ultima citazione appare che la vita terrestre è considerata come un castigo e come un soggiorno di prova. Con molta illogicità dunque la dottrina ebraica raccomanda in tutti i modi possibili, minacciando anche pene terrestri e super terrestri, la procreazione di fanciulli votati a simili prove. Ma lo Zohar insegna anche, e più innanzi vedremo l'importanza di tale insegnamento, che, per una eccezione alla regola generale, le anime emanate dalla settima regione spirituale, dotate quindi, per la loro origine, di una essenza più pura, sfuggono alla legge delle trasmigrazioni. La settima regione non è limitata nello spazio, perchè è uno stato di essere, è una sorgente di potenzialità e permette a tutti di rivendicare la propria elevata origine e di giustificare tale origine con la testimonianza della propria virtù spirituale. Essa apre a coloro che se ne rendono degni la porta della massima speranza: quella di sfuggire alle nuove vite terrestri e di giungere ad uno stato migliore, a un grado superiore nella gerarchia delle creature.

Capitolo VI
Il Ritorno all'Animalità Secondo Pitagora e Secondo Platone

Gli antichi Greci credevano che dopo la cremazione del cadavere, un'ombra rimanesse: l'Eidolon, che sopravviveva alla distruzione del corpo e discendeva nell'Ade. L'Eidolon era soltanto un'apparenza «riproducente con esattezza l'imagine del corpo vivente, e si supponeva formato di una sostanza tenue ed inconsistente simile a quella delle nubi»*. I morti d'Omero, ombre insignificanti e puerili, si annoiano fra gli asfodeli dei Campi Elisi. Unico, fra tanti evocati da Ulisse, l'indovino Tiresia è cosciente, perchè possiede la scienza dell'ai di là. In tutte le tradizioni troveremo affermato che la conoscenza dell'ai di là è il solo mezzo per sfuggire, nella prima regione della morte, a un inevitabile periodo di incertezza e di dolore.

Soltanto verso il principio del V secolo prima di Cristo, Pitagora insegnò all'occidente ellenico l'immortalità dell'anima già professata segretamente dagli Orfici e nella religione di Dioniso.

Pitagora, come tutti gli iniziatori, non fece che chiarire una idea già accennata da diversi filosofi e alla quale aspiravano gli uomini, ma, per primo, indicò la via precisa e insegnò un metodo di vita per accrescere il patrimonio della propria anima e renderla degna di conquistare l'immortalità. Indicò una forma di salvezza conveniente a una intera razza e anche ora, dopo molti secoli, quella forma è ancora la più accessibile alla nostra comprensione e la più facile a praticarsi.

Secondo Pitagora, l'uomo, oltre l'Eidolon, al quale si credeva fin dall'età omerica, possiede un corpo spirituale nel quale si raccolgono tutte le energie che non sono fisiche. Il corpo spirituale, che non è da confondersi con l'individualità passeggera, può animare qualsiasi corpo fisico.

* MAURY, *Storia delle religioni della Grecia antica*.

Caduto un tempo dal mondo degli Dei, l'essere, per effetto delle sue passate azioni, o meglio, dei suoi desideri, è come imprigionato nel corpo e quando, per effetto della morte, l'anima è separata dal suo involucro fisico, soggiorna per un certo tempo nella dimora invisibile dell'Ade per purificarsi; ritorna quindi al mondo superiore, per essere poi nuovamente chiamata verso la terra a cercare un nuovo corpo. L'atmosfera del nostro mondo è piena di Anime erranti, volteggianti fra i viventi in cerca di una forma per soddisfare il desiderio di vivere. Il desiderio della vita affretta le incarnazioni e stimola le anime a trasmigrare in corpi d'uomini o d'animali. La scelta, tuttavia, non è libera per tutti: è determinata dalle azioni della vita precedente.

Pitagora, con molta cura, insegnò una regola di vita e indicò a quali leggi morali bisogna ottemperare per raggiungere la via della salvezza. I corpi sono una prigione nella carne, le reincarnazioni sono un mutamento di prigione, l'ideale è di sfuggire alla successione delle cattività diverse e spesso pericolose, di conquistare una vita libera e perfetta nel mondo degli Dei. La frugalità, l'astinenza dai piaceri, il distacco dai beni materiali che, per quanto era possibile, dovevano essere in comune, costituivano la base delle sue prescrizioni. Non vietava in modo assoluto il piacere fisico dell'amore, tuttavia metteva in guardia contro la dispersione delle forze spirituali che può cagionare.

Come Buddho, Pitagora ricordava le sue vite passate: era stato Euforbo, un eroe dell'assedio di Troia e, secondo la leggenda, riconobbe come suo lo scudo appartenuto a quel guerriero e conservato nel tempio di Delfo; era stato Ermotino di Clazomene che praticava l'estasi e la cui anima aveva il potere di uscire dal corpo.

Non ha detto però se l'esistenza nel corpo di Pitagora fosse l'ultima sua esistenza umana*.

Empedocle d'Agrigento lo affermava con certezza. E' stato Empedocle uno dei maggiori spiriti dell'umanità; trasportato nell'età moderna, formerebbe una individualità che raccoglierebbe in sé le qualità di Pasteur,

---

* Una leggenda moderna afferma che Pitagora s'è reincarnato in Giamblico, filosofo neoplatonico e, ai giorni nostri, nell'indiano Koot Humi, ma si tratta di una leggenda.

di Jaurès e di Ramakrishna. Fu fervente pitagorico e, come il maestro, credeva alla metempsicosi.

Questa dottrina è considerata ora come una aberrazione della filosofia antica. Noi, per la nostra educazione morale e religiosa, per l'alta opinione che abbiamo di noi stessi, respingiamo con orrore l'idea che un essere umano possa reincarnarsi in un animale, ma, riflettendo, a che si riduce mai l'essenza di molti individui? Desideri di mangiare e di bere, attrazioni sessuali, emozioni affettive per gli esseri dell'altro sesso capaci di soddisfare quelle attrazioni, cioè ancora per se stessi. Giacché tutto questo può realizzarsi anche allo stato animale, perchè non dovrebbero tali individui essere precipitati, dopo la morte, in un germe animale il cui organismo futuro potrà soddisfare tutte le loro aspirazioni?

E, d'altro canto, simili individui in un mondo superiore di puro pensiero si sentirebbero stranamente stranieri. Ben è vero che, teoricamente, e allorché fossero interrogati, sceglierebbero quel mondo superiore, ciò non toglie però che, per loro, sarebbe un incomprensibile inferno dal quale cercherebbero di fuggire al più presto.

I nostri contemporanei provano un grande imbarazzo misto a tristezza, quando s'imbattono nella dottrina della metempsicosi in Platone. Che questo cardine della speculazione, questa stella fissa nel firmamento delle idee pure, questa intelligenza dalla quale ogni altra, se è colta, dipende, abbia potuto credere che l'anima umana, col suo appannaggio di ragione, trasmigri in un corpo animale, sembra loro il più grave tradimento dello spirito a meno che non si tratti di uno scherzo ironico.

L'uomo, nel corso dei secoli, forse da quando ha pensato all'immortalità della sua anima, ha concepito di sé uno smisurato orgoglio, e, in nome del privilegio di pensare, s'è fatto superbo del posto che occupa nella gerarchia degli esseri, senza riflettere poi che pochissimo si serve del suo privilegio e che il pensiero, come ogni altro strumento di precisione, può diventare inutile per inazione.

Per Platone, come per i Pitagorici, l'anima deve percorrere serie di vite successive diversissime per natura. «Secondo i suoi meriti, secondo le vittorie riportate nella lotta contro le passioni e i desideri del corpo, l'anima umana, nelle sue corse terrestri, è trasportata in alto, verso più nobili forme d'esistenza. Ella però può, nelle sue incarnazioni, rovinare in basso fino alla bestia»*.

Già ai neoplatonici la possibilità di una tale caduta parve un attentato alla dignità umana e Proclo, commentando il **Timeo**, disse trattarsi di una finzione simbolica, e molti, dopo di lui, lo hanno ripetuto†, tuttavia non c'è né finzione, né simbolismo nei seguenti passi della **Repubblica** e del **Timeo**.

«Indifferentemente le anime passano dai corpi degli animali a quelli degli uomini e da questi a quelli: quelli dei malvagi nelle specie feroci, quelle dei buoni nelle specie degli animali domestici. Tutto questo produce mescolanze d'ogni sorta».

«Dio stabilì che chi avesse peccato fosse, in una nuova nascita, mutato in femmina; e che, persistendo egli nella sua malvagità, fosse, in una nascita seguente, cambiato secondo la natura dei suoi vizi nell'animale che, per le sue abitudini, più gli somigliava».

Perchè maravigliarsi tanto a tale concezione? Malgrado il nostro orgoglio, siamo ancora molto vicini all'animalità.

Gli Egiziani, prima di Darwin, onoravano come loro antenati alcune specie di animali e ancora oggi, presso quasi tutte le tribù negre dell'Africa, si incontra la credenza che alcuni uomini appartengano alla stessa famiglia di alcuni animali. Chi discende dalla razza dei coccodrilli, se uccide uno di tali animali, compie un delitto grave come se avesse ucciso il padre umano. E non sono forse i caratteri della vita animale profondamente impressi sul viso degli uomini? Ognuno di noi ha, fra i suoi conoscenti, degli uccelli predaci, dei miserabili montoni belanti e dei cani infedeli. A volte ho provato grande maraviglia a non sentire palmata la mano che un amico mi tendeva, o vedendo altri, per stupidità simili a ciuchi, senza gli zoccoli e senza le lunghissime orecchie. Per un poco di ragionevolezza, e per una certa capacità di leggere dei libri, molti antichi uccelli hanno perduto la capacità del volo e del canto e molti antichi serpenti hanno dimenticata la beatitudine di sonnecchiare durante le ore assopite. Ho incontrato leoni nostalgici della loro forza

---

* E. ROHDE, *Psyche, il culto dell'anima presso i Greci.*
† Plotino invece sviluppò la stessa teoria di Platone.

perduta, benché fossero ancora feroci, e cigni che, avendo perduto il candore, altro non potevano essere che indolenti.

Forse dunque Platone non ha compromesso, come si crede, la dignità umana. Quella che, secondo la sua concezione, trasmigrava nei corpi animali era la parte inferiore dell'anima, l'individualità terrestre e, d'altra parte, trasmigrava dopo avere bevuto le immemori acque del Lete. Le anime umane suscettibili di rovinare nei corpi animali per soddisfare subito gli appetiti sessuali o le affezioni familiari*, non facevano decadere un essere spirituale dal rango divino; soltanto non avevano creato in sé, come avrebbero dovuto, l'essere spirituale e, in alcuni casi, ne avevano cancellata l'esistenza.

L'unione delle anime coi corpi costituiva la pietra di paraci, gone e un mezzo per differenziarsi. Compiutasi la differenziazione, ognuno, secondo il suo libero sforzo e secondo lo slancio delle sue aspirazioni, andava verso il destino suo vero: alcuni verso l'alto, altri verso il basso. La filosofia e la pratica della saggezza liberavano l'uomo da tutto quello che è corruttibile e mortale e potevano, esse sole, inalzarlo, fuori dello spazio e del tempo, allo stato divino.

---

* In molte specie animali, fra i leoni, per esempio, e le scimmie i sentimenti familiari sono più stretti che non lo siano nell'uomo.

Capitolo VII
Il Corpo Sferico di Origene

Vi fu un tempo che la morte assunse il carattere di un passaggio verso la dannazione eterna, alla quale si poteva anche essere predestinati, portando in sé l'invisibile marchio del castigo. Era dunque evidente, per gli intelligenti, che molto pochi si sarebbero seduti alla destra del Dio cristiano, e fu necessario concepire una ipotesi per spiegare l'inesorabile ingresso nell'inferno teologico.

L'inferno da molto tempo era da tutti conosciuto, ma, con i suoi fiumi, i suoi palmizi, e, non ostante i suoi terribili paesaggi, era materiato di una poesia grandiosa. Reggere un enorme masso e lasciarlo cadere dall'alto di una montagna, versare l'acqua in una botte bucherellata erano sì compiti di schiavi, ma ancora compiti umani. Le Danaidi, con le loro anfore sulle spalle, potevano senz'altro scherzare fra di loro e burlarsi sommessamente di Persefone. Avevano poi carboni spenti per dipingersi e ceneri minutissime, ottime secondo una antica ricetta, per rendere più delicata la pelle del viso.

Il nuovo inferno, invece, era assolutamente spaventoso per la monotonia, la regolarità, l'eternità del dolore, anche se si imaginava che il fuoco fosse il simbolo della solitudine morale, la sete il desiderio, i demoni, con le corna e i tridenti, dei simili nel male. Il Cristianesimo fece trionfare una tormentosa concezione dell'inferno e Origene fu condannato dai Concili per non essere, circa questo dogma, d'accordo con i membri della Chiesa, che lo avevano imposto a gran colpi di pastorale. Il suo inferno non era sufficientemente eterno, perchè nel futuro della longevità del tempo, Satana stesso ne sarebbe uscito per rientrare nel seno di Dio. Eppure Origene era un asceta mistico; intorno a sé non vedeva che peccato e redenzione dal peccato per merito delle pene; a tal punto era poi rigoroso che, per punirsi del desiderio sessuale, si sottopose alla tortura della evirazione. Egli, con certezza, pensava che tutti dovessero subirla nell'inferno.

Credeva alla preesistenza delle anime, le quali, saziate di amore divino, erano cadute per noia nell'incarnazione, cioè nel male. L'uomo era castigato durante la vita e lo era maggiormente dopo la morte. Il fuoco del desiderio lo consumava ed era necessario si spegnesse per mancanza d'alimento, il che richiedeva molto tempo, perchè una pena troppo breve poteva nuocere come una guarigione troppo rapida all'ammalato. Aveva imaginato che, nell'ora della resurrezione, i destinati al fuoco eterno resuscitassero «con corpi immortali che nessun supplizio poteva distruggere».

Forse però si esprimeva così per le anime comuni, giacché Origene ammetteva due categorie di credenti: quelli capaci di speculazioni elevate e la folla degli altri. Egli, platonico d'origine, non nascondeva la sua preferenza per i primi e il suo disprezzo per l'ignoranza.

Dopo la morte, si giungeva a Dio per merito della perfezione morale e della cultura e i corpi, nell'ai di là, erano vari secondo le qualità proprie a ciascuno. Chi, nella vita, aveva compiuto la purificazione necessaria, possedeva un corpo etereo, di forma sferica come il cranio umano che ne è il simbolo fisico e come i pianeti dei cieli. Il corpo di Origene somigliava a quello di cui aveva parlato san Paolo: il corpo spirituale, simile al «corpo luminoso» di Pitagora e al «carro leggero dell'anima» di Platone. Questo corpo, condensando la sua tenue sfera, ritornava poi alla carne.

Anche altrove si trova l'idea del corpo sferico. Plutarco* riferisce di un uomo in catalessi il quale, ripresi i sensi, disse di avere veduto le anime dei trapassati come bolle luminose le quali, scoppiando, lasciavano sfuggire una forma umana d'essenza vaporosa. Tertulliano riferisce una visione analoga di un sonnambulo, e oggi, molti soggetti ipnotizzati rispondono, se sono interrogati sullo stato nel quale si trovano, d'essere una bolla luminosa in mezzo alle tenebre†.

---

* PLUTARCO, *Della remissione della giustizia di Dio nella punizione dei colpevoli.*

† *Esperienze del dott.* Baraduc.

Origene, come i primi Padri della Chiesa*: Clemente Alessandrino, Gregorio Nazianzeno, Giustino Martire, credeva alla trasmigrazione dell'anima umana attraverso diversi corpi e non pensava che una immobilità specifica le impedisse di mutare la sua destinazione umana. Era salita, poteva ridiscendere e ritornare nei corpi animali.

L'anima, venuta dal divino, preparava il suo ritorno nella forma umana dove creava una sfera spirituale più o meno eterea. Questa sfera, dopo la morte, soggiornava nell'inferno dove accendeva con la sua sostanza una fiamma, che doveva consumarla. La fiamma era il rimorso delle cattive azioni commesse e bruciava lentamente con fuoco crudele. Il fuoco poi era tutto interiore, senza luce, non rischiarante le «tenebre esteriori», le tenebre dell'ignoranza. La sfera si purificava consumandosi e un momento sarebbe giunto in cui, divenendo via via più pura, avrebbe perduto ogni apparenza corporale, non avrebbe avuto più alcuna realtà materiale; sarebbe puro spirito e raggiungerebbe allora lo stato perfetto, quello del Cristo ritrovato nel quale non ha più senso la corporeità e che corrisponde allo stato privo di forma dei Brahamanisti.

Ma i rappresentanti della Chiesa, riunitisi nel Concilio di Costantinopoli nel 553 sotto la presidenza di Giustiniano, non poterono sopportare l'idea che, dopo innumerevoli età, anche i così detti cattivi, a loro volta spiritualizzati, fossero perdonati e rientrassero in seno a Dio. L'antica vendetta ebraica doveva vincere il tempo e sopravvivere al Giudizio finale. Essi dunque misero all'indice le dottrine di Origene, segnatamente quella della reincarnazione. Il corpo sferico del peccatore era condannato a diventare sempre più tenebroso e opaco e, divorato da una fiamma senza splendore, doveva girare infinitamente intorno a un sole di tenebre fitte; tra pianeti pietrificati, in un vuoto materializzato, in un disperato nulla.

---

* San Gerolamo dice « che la dottrina delle trasmigrazioni era segretamente insegnata a pochissimi fin dai tempi più antichi come una verità tradizionale » e raccomanda di non divulgarla.

San Giustino Martire dice che l'anima, quando si è troppo allontanata da Dio, trasmigra in corpi di bestie selvagge.

Gli esseri spirituali, dice Origene, vollero materializzarsi. I più cattivi diventarono demoni; gli altri furono gli uomini i quali, dopo ripetute incarnazioni nei corpi umani, ritornano angioli. Essi debbono progredire di sfera in sfera e prendere vari involucri, secondo i mondi che abitano ».

* * *

Or dunque, quando si risale all'antichità delle filosofie e delle religioni, si trova, relativamente alla morte, se non proprio una concezione assolutamente uguale, almeno una identità sui punti più importanti. E' vero che la vetusta età delle credenze non costituisce una prova assoluta, perchè tutti possono sbagliare, ma anche il più scettico deve essere impressionato dalla concordanza delle affermazioni e dal valore di chi le ha affermate.

Presso gli Indiani, gli Egiziani, i Caldei, i Greci, nella Cabala, nella religione Druidica, presso i Cristiani primitivi, in Platone, in Plotino e i suoi discepoli, presso tutte le sètte, che segretamente si sono tese la mano durante tutto il Medio Evo, si trova la stessa adesione alle seguenti idee, espresse con nomi diversi e in modo vario.

L'uomo possiede molti corpi invisibili che, nel momento della morte, si separano dal corpo fisico, e costituiscono l'anima e soggiornano in mondi successivi. I mondi per alcuni sono molto lontani nello spazio, per altri sono fra di loro compenetrati. La conoscenza delle cose dell'ai di là è la sola qualità che permette di non soffrire. Lo scopo supremo è il ritorno all'unità divina, che si effettua attraverso vite successive, in terra o altrove, come uomini o come altri esseri.

Tutte le religioni e tutti i grandi saggi dell'antichità sono stati unanimi nel considerare la terra come un soggiorno di miseria e di sofferenze dal quale conviene uscire. La vita non è la realtà e noi vediamo il mondo a rovescio. La morte è cosa desiderabile. V'è dunque una opposizione fondamentale fra la credenza delle religioni e dei saggi e quella della maggioranza degli uomini che, tuttavia, praticano i riti della religione e onorano la saggezza dei saggi e per i quali la vita non è un mezzo, ma uno scopo. La generazione che perpetua la vita è considerata da loro sacra, il piacere è l'elemento essenziale della ragione di vivere. La morte è temibile. E' dunque ora di fare un po' di luce su questa contraddizione per sapere da quale lato ci si debba mettere: o con la folla degli ignoranti, o con gl'intelligenti e i perfetti.

Capitolo VIII
Il Vero Segreto della Morte

Riassumerò ora il vero segreto della morte, così come si è diffuso fra gli uomini fin dagli antichissimi tempi.

V'è in questo straordinario segreto una virtù misteriosa che fa sì che, per quanto esso sia sempre stato enunciato con chiarezza, non si è mai impresso nella memoria umana. Quegli a cui lo si espone e che lo capisce, rimane esattissimamente allo stesso punto di ignoranza, come se l'enunciazione e la comprensione non fossero state. E tuttavia, la parola sua e più veridica di un cuore innocente, più fissa dell'asse della terra, più rivelatrice di profondità stellari di qualsiasi lente d'astronomo. Questo segreto è stato l'ospite dello spirito di molti filosofi, la conoscenza di molte sètte che se lo sono appropriato e che l'hanno trasmesso come una eredità; i saggi di tutti i tempi se lo sono passato dall'uno all'altro. Ma è forse possibile passare da una mano all'altra l'acqua fluente? Gli uomini continuano a considerare la morte come un enigma pauroso, perchè il suo segreto ha la maravigliosa proprietà di cancellarsi appena è stato pronunciato.

Quando l'uomo s'appressa a quel momento che noi diciamo morte naturale - tutte le morti però, rigorosamente parlando, sono naturali - è generalmente sdraiato, meglio sarebbe che egli fosse inginocchiato, per ringraziare la natura, la quale, dopo essergli stata matrigna e avara per tutta la vita, gli offre allora un prezioso beneficio.

Prossimo ad abbandonare le persone e le cose amate, il morituro avverte una misteriosa diminuzione del desiderio di vivere, cosa che non gli era accaduta mai durante la vita. Se egli aveva perduto tutte le sue ricchezze, non gli parve però meno utile la possessione del danaro; se l'amante lo aveva abbandonato, non l'aveva desiderata con meno ardore, anzi il desiderio, divenuto irrealizzabile, s'era fatto più intenso. Ora, per la prima volta, si stabilisce una felice armonia. Quando l'indifferenza può risparmiargli la disperazione, qualche cosa di simile all'indifferenza scivola in lui, senza che egli abbia il tempo di maravigliarsene, di consolarsene, e nemmeno d'esserne cosciente. La dissociazione del suo vero essere e del suo corpo fisico si produce con la stessa semplicità neutra del fenomeno della nascita per l'unione dei germi nella tenebrosa culla della matrice.

Come nel fenomeno strano del sonno, al quale siamo abituati, e che tuttavia è sempre straordinario, la vista, per prima, smette di funzionare; l'udito invece persiste fino all'ultimo e il morente, che ha tutti i caratteri della morte, sente ancora le parole pronunciate attorno a lui, ancorché velate e come dette attraverso uno strato d'ovatta. Poi, come una leggera nebbia colorata di violetto e quasi sempre invisibile, egli abbandona, pel sommo della fronte e ad angolo retto, la sua spoglia. L'attrazione terrestre si fa sentire con minore forza ed egli s'inalza. A volte dei testimoni molto sensibili hanno veduto il misterioso distacco nell'ultimo minuto dell'agonia. Carlo Henry, nel corso delle sue esperienze, ha potuto assegnare un peso all'invisibile forma che penetra nell'altro mondo.

«Che egli riposi in pace e che eternamente la luce di Dio brilli su di lui» dice l'ammirabile preghiera cristiana e veramente chi sopravvive a un essere amato e cerca una via per soccorrerlo non deve formulare altro augurio. Durante la tormentosa vita, l'uomo, ogni sera, s'è addormentato; l'urto dissociatore della morte gli dona un sonno analogo. Egli dorme, non sa nulla, non vede nulla, non vedrà più, perchè ha perduto gli organi materiali, che servono ai viventi per comunicare fra di loro. Chi continua a vivere accanto al cadavere si maraviglia e si dispera che l'anima, poiché vive, non possa eccezionalmente e in suo favore, produrre qualche manifestazione a testimonianza della sua esistenza nell'ai di là.

Ma fra un mondo e l'altro v'è una separazione tanto più inesorabile in quanto lo spazio non c'entra affatto, e in quanto quei mondi si compenetrano ed esistono nel medesimo luogo. Chi è partito non può ritornare, anzi, non deve ritornare; se egli lo tentasse, vorrebbe dire che ancora erra nelle correnti terrestri in preda a premature tentazioni di incarnazione. Invece di dilettarsi della sua funebre presenza, i viventi dovrebbero con le preghiere supplicarlo di non tentare il vano ritorno e di abbandonarsi alla corrente del mondo.

Il sonno della morte non dura però eternamente. L'uomo ha perduto la forma e il sonno ora avviene su di un piano dove i rapporti fra l'uomo, il tempo e lo spazio sono differenti. Si potrebbe formulare così la regola che li governa: più l'uomo si inalza in uno stato tenue di materia, più il tempo è rapido, lo spazio meno misurabile e più facilmente superabile. Lo stato della perfezione ideale deve essere liberato da ogni nozione di tempo e di spazio.

Il sonno dell'uomo dopo la morte ha dunque una durata relativa a ciascuno. Come nella vita, chi abbia un'occupazione importante da compiere, si sveglia il mattino prima di chi non ha nulla da fare, così, anche dopo la morte, chi s'attribuisce dei compiti o dei doveri si sveglia per compierli. Il risveglio è misto a maraviglia e anche a terrore, se durante la vita l'anima considerò la morte con terrore.

L'uomo si trova ora in un mondo nuovo, retto da un principio differente da quello che regge la terra; la legge della vita fisica era concentrazione, sforzo di tutto quello che è vivente per materializzarsi; ora bruscamente egli deve obbedire a un moto di ordine inverso: quello della forza centrifuga e della espansione.

Lo circondano le tenebre ed egli, non con i sensi, ma con una facoltà interna ancora embrionale, avverte il moto della vita universa che, con una rapidità di vibrazione ancora sconosciuta, si svolge intorno a lui. Sente passare delle creature le cui forme gli sono ignote, è trascinato dalle correnti, è lanciato dalle attrazioni alle repulsioni, che là sono sovrane, una notte immensa lo circonda ed egli, perdutamente, cerca d'orientarsi. Con lo sforzo dell'intimo pensiero egli riesce a fare delle circondanti ombre un crepuscolo ancora vago e, secondo il grado della sua conoscenza, è vittima del terrore dell'ignoto, o partecipe pronto alla gioiosa e leggera ebbrezza di una nuova vita.

Infelice chi mai ha pensato alla morte e chi non vi si è preparato con una saggezza terrena! Tutte le religioni e tutte le filosofie, in ogni tempo, sono state, a questo riguardo, unanimi: soltanto la conoscenza di quello che accadrà, l'intelligenza meditante, permette di attraversare, immuni dal dolore e guidati dalla luce che si proietta da se stessi, il regno nel quale, per vedere, non si hanno più gli occhi.

Quando l'anima supera lentamente l'incoerenza del sonno, è attraversata dal raggio del ricordo: è questo un minuto essenziale, solenne, un punto determinante la vita futura. Questo risveglio ha ancora qualche cosa di simile col risveglio di un uomo vivente dopo una notte ordinaria. Chi si sveglia, ricostruisce la sua personalità ricordando le preoccupazioni della vigilia e rappresentandosi gli atti che compirà nel nuovo giorno. All'uomo morto è necessaria una più vasta rappresentazione, ed infatti egli deve vedere svolgersi innanzi ai suoi occhi, come in una specie di successione più o meno rapida di quadri, tutta la sua vita passata. Questo svolgimento costituisce il giudizio del morto, al quale giudizio, però, non sono presenti gli Dei di nessuna religione. I quarantadue giudici egiziani non seggono nella mistica vallata intorno ad Osiride dominato dalle imagini del coccodrillo e del serpente; Minosse, Eaco e Radamanto non sono presenti e la simbolica bilancia dei peccati non oscilla i piatti sul suo asse eterno. L'uomo, in solitudine, contempla la sua vita, il succedersi delle sue azioni, dei suoi pensieri e il contributo che le une e gli altri hanno portato al perfezionamento della sua anima, poi, secondo la sua possibilità di giudizio, giudica di se stesso. Egli è la bilancia, egli divide il bene dal male, carica i piatti e regge l'indice.

Chi non si riconosce colpevole non ha commesso colpa. Nessun castigo è assegnato al criminale se la sua coscienza è tranquilla; l'ignoranza sola è l'unico errore del quale tanto i buoni quanto i cattivi sono puniti con lo smarrimento, l'ombra e la paura. La natura, infatti, nella lentezza delle sue reazioni, oppone alla nostra speranza di giustizia una apparente, ma inesorabile ingiustizia. Quello che noi, usando un linguaggio infantile, diciamo castigo dei malvagi, nell'ai di là avviene soltanto quando è nata la coscienza, cioè dopo molte vite; e poiché chi è punito lo è soltanto col rimorso, che nasce insieme con la coscienza, in conclusione è punito quando comincia a diventare buono.

Nel mondo intermedio nel quale l'uomo si trova dopo la morte, v'è una sofferenza specifica che si esercita ugualmente sui virtuosi e sui perversi e che nasce dalla mancata realizzazione dei desideri. Ogni desiderio che richiede, per essere soddisfatto, un corpo fisico, procura all'uomo privo di corpo una bramosia ardente come il fuoco e pungente come il gelo, che è stata chiamata il tormento dell'inferno. La sofferenza però non è duratura, perchè più il desiderio ha cause materiali, più si esaurisce da solo rapidamente.

L'uomo che, durante la vita, non ha sviluppato né l'intelligenza, né le affezioni, è trascinato dalle attrazioni della vita terrestre. Egli aspira soltanto a soddisfare la gioia di vivere carnalmente e ciecamente si precipita su di un germe di vita per lo sviluppo del quale otterrà di nuovo l'esistenza. La legge d'attrazione per la quale i simili s'attraggono è sì rigorosa che il violento sarà chiamato da un germe nel quale potrà realizzare la violenza, il lussurioso cadrà da solo in un germe fatto per la lussuria. E per costoro non v'è altra possibilità.

Ma l'uomo, che giunge nell'ai di là col tesoro delle sue affezioni, si trova nel paese dove le affezioni sono una realtà. Il corpo che egli possiede è di natura magnetica e potrebbe essere detto corpo affettivo, il Linga Sharira degli Indiani, il Nephesch dei Cabalisti, il corpo astrale dei teosofi. L'attrazione e la repulsione, già l'ho detto, sono le leggi essenziali di questo nuov o mondo; ond'è che, se i defunti sentono ancora affetto per le persone lasciate sulla terra, saranno naturalmente trasportati verso di loro, vivranno nella loro atmosfera e conosceranno quella dolcezza che, viventi, dicevano «gioia d'essere insieme». Il piacere d'essere insieme sarà poi in relazione alla loro capacità generale d'amare. Se essi hanno fortemente sentito l'amore per il prossimo, attireranno a sé altre creature erranti, si uniranno a gruppi nei quali la simpatia reciproca sarà una sorgente di bellezza. Tutto questo durerà variabilmente, secondo la potenza affettiva di ciascuno e secondo le possibilità della sua intelligenza.

Ma è necessario inalzarsi oltre e fuori questa regione intermedia, sostituire al crepuscolo di luce morta, che avvolge i defunti, la vivida luce della regione spirituale. Come ciascuno brucia un suo fuoco alimentato di sé, così anche ciascuno vede in grazia della chiarità che ha in sé e che egli stesso ha accesa.

La forma nella quale l'uomo dopo la morte sussiste riproduce i contorni del corpo umano. L'uomo comune non avrà né piena coscienza, né volontà, sarà in uno stato che ha qualche cosa del sogno e qualche cosa della veglia. Tuttavia bisogna ricordare che tutto ciò che è indicato non ha valore assoluto per tutti gli individui; là ancora, per i morti, vi sono tanti destini, quanti qui ve ne sono per i viventi.

Chi ha spirito elevato, chi nella vita s'è creato una entità spirituale capace di superare i cerchi delle correnti astrali, sentirà svegliarsi questa entità e ricomparire la coscienza la quale non sarà più la stessa, ma più sottile e meno legata alle preoccupazioni terrene. Quindi, via via che la coscienza rivivrà, il corpo si trasformerà, perderà il carattere umano, diventerà ovoidale, poi sferico come il corpo descritto da Origene e, in questa forma, raggiungerà il mondo luminoso del pensiero, dopo avere superata la seconda morte, quella del corpo affettivo.

«In verità sono felici quelli che hanno superato il ponte d'oro e raggiunte le sette montagne d'oro di questo luogo da noi separato da moltissime migliaia di miriadi di sistemi solari. Là sboccia il divino fiore dell'Udambara che immerge una radice nell'ombra della terra». Così s'è espresso Buddho.

E' il Desakhan, il paradiso dei Cristiani, il soggiorno plastico delle idee platoniche, dove il pensiero è più reale della materia sulla terra.

Le sette auree montagne di Buddho sono il simbolo di sette stati differenti, di sette modi cioè di vibrazioni, via via più sottili. Il principio del mondo trascendente è più bellezza che beatitudine e la felicità è sopra tutto prodotta dalla partecipazione alla vita cosmica e da un sentimento operante di fraternità. Simile felicità è accessibile a pochi uomini. L'ingresso in quell'ideale mondo non è mai la ricompensa alla virtù, perchè l'immensa e a volte incomprensibile legge, che muove gli universi, è assolutamente estranea alla nostra nozione del bene e del male.

E' una insensibile legge di causa e d'effetto; buoni sono quelli che si conformano alla legge, cattivi quelli che se ne allontanano. Molto spesso, è vero, c'è coincidenza fra quello che gli uomini chiamano virtù e lo stato di comprensione e d'amore che schiude le porte del Desakhan e tuttavia sono molti quelli che hanno condotto sulla terra una vita perfetta, ma che, nella loro perfezione troppo umana, non hanno modellato in sé l'essenza sottile, il corpo divino che permetterebbe loro la gioia dello spirito.

Costoro però non sono ricacciati su una soglia inesorabile, perchè, per loro, la soglia non esiste, perchè non hanno la possibilità di vederla e, se anche la vedessero, il suo aspetto non sarebbe, per loro, attraente. Per le loro affinità terrestri sono chiamati dal desiderio di materializzarsi, ridiscendono quindi verso la manifestazione fisica, avidi d'incarnarsi nelle forme corporali.

Gli altri, quelli che posseggono il corpo sferico, si espandono, si dilatano, si esaltano allo sbocciare, al dilatarsi, all'esaltarsi di quei fiori dell'Udambara di cui parla Buddho in quel suo linguaggio imaginoso, che spesso ce lo rende incomprensibile. Vivono tra le imaginazioni proteiformi, le creazioni ideali composte da prismi dai quarantanove colori, ritmate da musiche composte su quarantanove note. L'intensità delle vibrazioni vitali è così grande che la felicità dell'uomo che ne è partecipe ha un carattere vertiginoso. L'essenza di quella felicità è difficilmente descrivibile, perchè nulla, nel mondo fisico, vi si avvicina. Chi ha tentato descriverla è caduto in errori grossolani come quello di Dante che, nel suo Paradiso, mette dei re, perchè sono stati saggi governanti, dei monaci combattivi, perchè hanno valorosamente combattuto per la loro religione e che, in mezzo al coro degli angeli, discutono su degli argomenti della scolastica.

Tutto quello che è possibile dire della felicità dei mondi spirituali ai quali l'uomo può giungere quando abbia raggiunto l'ultimo stadio della corsa umana, in una forma spiritualizzata e tuttavia ancora esistente, è che la felicità è prodotta dall'alchimia intima dell'intelligenza e dell'amore, giunti al loro vertice.

Ogni felicità, però, la cui possibilità è stata generata sulla terra, finisce per esaurirsi nel tempo e per estinguersi totalmente. Platone stabiliva un periodo di mille anni da una vita all'altra di un uomo comune; i teosofi moderni danno una cifra approssimativa di mille e cinquecento anni*.

---

* Secondo il filosofo chiaroveggente Steiner, Voltaire sarebbe vissuto al tempo dell'invasione araba in Spagna; si sarebbe reincarnato nuovamente durante il medio evo in un corpo di donna prima di essere Voltaire. Tutto ci ò indicherebbe un intervallo di circa cinquecento anni tra una vita e l'altra. Sempre secondo lo Steiner, Elyphas Levi sarebbe vissuto in America poco prima della scoperta

Dopo un intervallo difficile a stabilirsi e variabile per ciascuno, il fiore buddhistico dell'Udambara ricorda d'avere una radice che lo lega alla terra e che gli comunica una linfa di vita. L'anima umana ha esaurito la sua potenza spirituale e non è più che un ricettacolo virtuale, una esistenza in potenza. L'enigmatico ardore della vita e dello sviluppo, che è il principio del mondo e che l'anima ha in sé al suo centro, la proietterà nuovamente in una incarnazione terrestre.

Sankaracharia, uno dei maggiori filosofi dell'India, ha melanconicamente annunciato:

«Alle creature sensibili è molto difficile ottenere un nascimento umano».

Egli ammetteva dunque la difficoltà dell'anima umana a ritornare in un corpo, sia perchè vi sono più anime che corpi, sia perchè vi è una difficoltà inerente a questa unione che, in se stessa, è la più strana che si possa imaginare. Forse nel momento della precipitazione nella incarnazione agisce quella legge nella quale s'è voluto vedere una ricompensa o un castigo. Ottiene ciascuno la vita che si merita come conseguenza delle azioni e dei pensieri della vita precedente? Non è il caso di parlare di meriti e di demeriti, sibbene di cause e di effetti. Ogni anima, secondo la sua smania di vivere e l'appello delle attrazioni, si precipita in un germe dove potrà realizzarsi e, possedendolo, lo forma secondo la sua natura. La precipitazione, l'ansia di materializzarsi sono la causa di una caduta nei germi inferiori.

Tuttavia già molto tempo prima della caduta s'è posto il problema capitale, non soltanto della nostra vita, ma della catena di tutte le vite. In quale misura possiamo sfuggire al ritorno sulla terra, evitare i mali innumerevoli della incarnazione e conquistare una vita d'ordine più elevato? Questo è il vero scopo dell'uomo ed è realizzabile.

---

di Colombo e avrebbe avuto due altre esistenze prima di riapparire nel diciannovesimo secolo. Gli spiritisti, secondo le indicazioni dei medium, stabiliscono per la successione delle vite date molto più vicine. Queste indicazioni d'ordine meraviglioso sono date, s'intende, senz'altra prova della buona fede di chi le ascolta. Le differenze fra le vite debbono essere molto varie, da cinque minuti a qualche secolo, e relative al grado di coscienza di ciascuno.

* * *

Tale è il segreto della morte trasmesso dai tempi più remoti, conosciuto da tutte le religioni e da tutti i saggi della terra. Chi lo apprende scuote la testa e continua a dubitare dicendo di non sapere nulla, forse per una nativa stupidaggine umana, forse perchè l'impossibilità a credere alla durata dell'anima e alla successione delle vite è una necessità primordiale nell'ordine delle cose, simile all'imponderabilità del fuoco e all'equilibrio dei pianeti, forse perchè la certezza d'una esistenza migliore dopo la morte spingerebbe l'intera umanità a un rapido suicidio, forse perchè un legittimo sentimento di responsabilità impedirebbe agli uomini di generare per evitare l'errore della incarnazione a chi non vi è ancora caduto, e la terra fisica sarebbe deserta, e i fini ultimi perseguiti dalla natura sviati dal loro corso. Essa infatti, la natura, non potrebbe più imporci il soggiorno nel seno di una torturante materia e le anime, con la loro forza divina, troverebbero un'altra via per crescere in perfezione. Più oltre vedremo come si può considerare questa lotta e in quale misura l'uomo, che modifica le leggi inferiori della natura, potrebbe anche modificarne la fondamentale e ridurre il mondo, da lui abitato, silenzioso e vuoto come un sepolcro.

Capitolo IX
La Soppressione del Germe Come Lotta Contro la Vita

«O Dei mio, poiché la vita è tanto cattiva, non voglio dare nascimento a una creatura destinata a soffrire come ho sofferto io e che, a sua volta generando, farebbe soffrire altre creature».

Ho udito questa parola e ne sono stato spezzato. Fu pronunciata una sera in un viale deserto, dove la pioggia formava delle grandi pozzanghere brillanti e dove, per uno strano miraggio, la luce veniva dal fango.

Una donna, quella che aveva parlato, m'era seduta accanto, su una terrazza di un caffè. Aveva parlato a voce bassa, come spaventata, e, subito, aveva piegato la testa guardando in tralice quasi temesse, per la sua rivolta contro la legge primordiale della vita, un castigo immediato. La sua voce era roca, il colore della sua pelle era senza splendore; era piccola e miserabile, tuttavia mi parve raggiante di tutta la bellezza del coraggio.

Non aggiunse altro, ma io capii la sua decisione e la gravità della lotta che stava per ingaggiare.

Aveva considerato la creazione dell'essere doloroso già accolto nel grembo e si rifiutava di elaborare quel male che è la vita, di preparare il dramma della futura morte. Impedendo la nascita, ne sopprimeva la causa, rinunciando alla gioia della maternità!

Sopra il suo capo intravidi tutte le potenze che ella stava per sfidare, perchè in cuore aveva maggiore pietà della legge divina. Una maledizione vecchia quanto il mondo avrebbe colpito quella creatura che si rifiutava alla creazione, i giudici, col loro gelido viso, erano già nei loro tribunali con la sentenza pronta: l'avrebbero rinchiusa in una cella, l'avrebbero tormentata con gli interrogatori. Al di sopra di quei giudici esisteva, poi, nell'invisibile, un altro tribunale, imaginato dalle religioni, più inesorabilmente lento e più spietato, che avrebbe elaborato delle malattie, che, con interminabili ripercussioni, avrebbero minato le fondamenta del suo organismo, che l'avrebbe torturata con rimorsi e che, sotto il nome di Purgatorio o di legge del Karma, le avrebbe rubato anche il riposo postumo giacché, secondo la società e secondo Dio, non esiste delitto più imperdonabile di quello che si compie contro la sicurtà della vita.

Nessuna parola umana scese più lugubremente profonda in me. Ricordo che, attentamente, considerai quel capo reclino di donna e la luce di quello sguardo per sapere se ella si rendeva conto della gravità della sua risoluzione. I lineamenti del viso erano comuni; ciocche bionde di capelli scendevano ai lati di una angusta fronte, il naso piccolo e l'espressione delle labbra potevano tradire lo smarrito fascino del piacere. La sincerità della voce e tutto quello che sapevo di lei m'assicurarono che l'unico suo impulso era la pietà; nulla in lei però avrebbe rivelato il coraggio interiore se una goccia di pioggia non avesse brillato fra i suoi occhi come una stella.

O Dio mio, aveva detto e a volte volgeva il viso verso le impersonali forme degli edifici che erano rimpetto a noi e io sentivo che, inconsciamente, li identificava col Dio invocato. Era anche quella una anonima organizzazione, una macchina ordinatrice di cause dalle quali non poteva aspettarsi né aiuto, né consolazione. Oltre le porte di metallo, oltre lo schermo delle facciate di pietra, si nascondevano gli accoppiamenti generatori, la continuazione di una vita matematica, feconda, il cui sviluppo era impossibile arrestare.

La pioggia, quella sera, cadeva insistente dal cielo, non diversamente, pensavo io, dai semi degli uomini nelle matrici umane. E tutto questo per sempre, senza fine. La inesorabile legge sessuale trascinava le creature nella dolorosa incarnazione; tuttavia la catena poteva essere interrotta se un anello, ribellandosi, spezzava se stesso in grazia d'una intima forza di distruzione. I saggi, che in tutti i tempi hanno predicato il distacco e la soppressione del desiderio, non hanno avuto altro scopo da quello d'arrestare la generazione.

Si obbietta che l'uomo, per perfezionarsi, deve soffrire, che egli stesso è la causa dei suoi dolori per colpa del peccato originale o del primitivo desiderio di vivere e di gioire della vita, che le sofferenze che egli subisce non sono volute dalla Divinità, ma sono il risultato della sua ignoranza e del suo egoismo di uomo nelle diverse esistenze. Tuttavia v'è qualche cosa di ineluttabilmente e di essenzialmente feroce nel principio della vita sul pianeta; e questa ferocia, che aumenta col crescere della materializzazione, si sarebbe esercitata anche senza il peccato originale e senza l'acciecamento umano. Subito, appena un arboscello comincia a sviluppare i rami, la natura, che ipocritamente gli ha dato la linfa per crescere, tenta strapparlo dal suolo col vento, lo martirizza col freddo, lo brucia con la siccità. Alcuni animali deboli sono costretti a vivere non lontano da altri animali più forti che li divorano. I primi bagliori della intelligenza umana servono a lottare contro le collere furiose, o i capricci inspiegabili della natura, e quello che noi diciamo progresso altro non è che una serie di piccole vittorie riportate sulle leggi naturali. Senza tregua noi lottiamo contro le leggi, sempre però ne rispettiamo una: quella per mezzo della quale si perpetua la vita e il dolore.

E, d'altra parte, sembra che la natura abbia previsto che poteva essere attaccata nel suo principio generatore. Se le si concede una coscienza cosmica analoga a quella dell'uomo subito, in quella coscienza, si discerne un panico terrore della morte, uno spavento che ha manifestazioni insensate. Quante precauzioni perchè non una delle innumerevoli branche del mondo multiforme sia offesa! Per la riproduzione di alcune piante, milioni di granuli pollinici sono affidati al vento, e non basta: oltre questo numero immenso, oltre le probabilità favorevoli di cadere in luo- ghi acconci della terra feconda, la natura ha dato a diversi insetti l'istinto di propagarne altri agitando le ali. Le specie animali generano smisuratamente: per le cavallette, i topi e i pesci si ha un vero e proprio pullulamento. Non ostante questa magnificenza di vita, lo spavento della morte, che fa palpitare la coscienza cosmica, è giustificato: infatti alcune specie animali sono bruscamente colpite da languore o da impotenza sessuale, e alcune famiglie vegetali, dopo uno sviluppo straordinario, intristiscono e muoiono miseramente.

Una occulta forza di distruzione fa tremare lo spirito di Dio; egli teme di morire e l'uomo, a sua simiglianza, fa altrettanto. Qualche cosa di funebre lo circonda, egli crea una illusione di vita trionfante, sviluppa i sessi, fa fluire fiumi di semi, ma non ha la certezza d'essere eterno.

L'uomo è il prodotto più complesso e più sapiente della sua creazione visibile; per produrlo, con i suoi organi delicati, con l'intelligenza nutrita dell'esperienza di vite successive, egli ha compiuto un immenso sforzo. Ha dotato l'atomo primitivo di velocità, intorno a un nucleo, come intorno a un sole, ha fatto girare gli elettroni capaci d'attrarsi e di respingersi; gli atomi hanno formato le cellule, le cellule si sono divise segmentandosi, nelle cellule moltiplicate e natanti deliziosamente nel protoplasma della glandola maschile, un piccolo serpentello, un essere strano con la testa ovoidale un po' appiattita e con un'appendice mobile che gli permette di fare dei salti, ha cominciato a vivere. Lo spirito divino ha affidato al serpentello la missione di perpetuare l'essere umano, il fiore supremo degli esseri animati. Nell'unione dei corpi, nell'attività appassionata, poi nel cieco languore del desiderio, il serpentello, che sotto la fronte appiattita racchiude il mistero delle umane possibilità, deve ricongiungersi con l'ovulo al quale è promesso. Perchè uno solo di questi messaggeri raggiunga lo scopo, lo spirito divino, nel terrore di non riuscire, ha creato innumerevoli serpentelli - al microscopio se ne possono vedere centomila il millimetro cubo - i quali, per eccezione, sono fraterni e non si divorano gli uni gli altri.

S'inizia allora un'opera misteriosa: la trasformazione del minuscolo serpente in un essere umano con uno scheletro osseo e con una scatola cranica che sarà il futuro ricettacolo dell'intelligenza. Entro le cellule epiteliali attraversate, un uovo comincia a vivere.

L'uovo si trasforma in un embrione che da prima ha le caratteristiche del serpente, poi quelle del pesce, poi appaiono misteriosamente dei moncherini, l'arco della mandibola e una fenditura con un labbro leporino: la bocca per la parola e il bacio.

E quante influenze nel sangue, perchè l'embrione si sviluppi in feto, perchè un buffissimo tubercolo genitale si trasformi, senza nessuna ragione apparente, in un sesso maschile o femminile! Non basta lo sforzo della madre che, per nove mesi porta il feto, che per nove mesi difenderà il suo fardello; tutte le influenze terrestri sono vigilanti e operose affinchè l'essere concepito giunga a nascimento: le variazioni dei climi, le onde elettriche, gli alimenti sottili dell'aria cooperano alla creazione della macchina organizzata nella quale dovrà vivere una coscienza. E non soltanto il pianeta raduna le sue forze in prò di quel capolavoro imperfetto che sarà l'uomo, ma tutta l'immensità cosmica; gli altri pianeti del cielo trasmettono le loro influenze, dettando il destino della creatura, la luna influisce sulla generazione come sulle maree, il sole protegge i piccini che nascono avanti il mezzogiorno.

La donna, d'un tratto, si alzò e mi tese la mano, come se io le fossi a una grande distanza, sull'altro orlo d'un abisso. La guardai mentre s'allontanava sul marciapiede del viale, nel rimbalzare leggero delle gocce di pioggia.

Capitolo X
La Cremazione e la Putrefazione del Corpo

Molte persone, al pensiero della cremazione, provano un senso di orrore per una inconfessata speranza di eternità fisica e nella resurrezione di quella adorata carne che posseggono quando considerano il problema. La semplice riflessione dovrebbe convincere che, anche in una stretta dimora sotterranea, di legno o di pietra, la distruzione è, con la putrefazione del corpo, ugualmente radicale, benché più lenta.

Se un germe, simile al respiro delle ossa di cui parla la Cabala, dovesse conservare il modello dell'essere, l'essenza della sua vita e della sua forma, è evidente che dovrebbe essere un germe invisibile e capace di resistere ad ogni distruzione materiale: a quella del fuoco, come a quella della tomba.

La scelta dei diversi modi di distruggere il corpo ha però una certa importanza e dovrebbe essere relativa al grado di sviluppo di ciascuno e al suo più o meno grande distacco dalle cose terrene. Chi muore con un legittimo amore per i suoi prossimi, e per gli oggetti che lo circondano e per la materia vivente che lo avvolge in un quadro di bellezza, sarà, se si fa bruciare, bruscamente privato del punto d'appoggio che egli manterrebbe sulla terra, per il giuoco delle affinità. La morte lo separa per sempre da tutti i suoi amori iscritti nella forma. Egli tuttavia può ancora errare nei luoghi ove ha vissuto, volteggiare nell'atmosfera di quelli che ama, trovarvi la gioia vivificante del loro affetto.

Questa ricerca ha un fascino disperato, ma non è cosciente e, per l'essere comune, dura fino a tanto che, attirato da quello che desidera, non si slancia in una nuova incarnazione. Quando invece l'uomo, per l'azione della fiamma, perde ogni legame con la terra e quando il suo corpo è trasformato in una polvere che non ha più affinità con nulla, egli è staccato dal mondo delle forme: le attrazioni non influiscono più su di lui ed egli, molto penosamente, o addirittura con una impossi-

Maurice Magre

bilità formale, cercherà di ritrovare l'atmosfera delle persone lasciate sulla terra. Egli corre il rischio di essere trasportato dalle correnti fluide fuori dalla cerchia del suo pianeta. Per affrontare un tale stato egli deve essere mondo da ogni desiderio, spoglio di ogni affetto, illuminato dalla serenità della coscienza. Allora troverà forse maggiore difficoltà a reincarnarsi fra quelle forme delle quali ha distrutto, nel modo più radicale, l'ultima occupata, perchè la volontà sussiste in noi come forza agente. Egli dunque, avendo creato una forza distruttrice della forma, sarà a se stesso la causa della difficoltà della reincarnazione. Ma, finché il desiderio di vivere non venga coscientemente estinto, prenderà sempre il sopravvento; la difficoltà non sarà, naturalmente, assoluta e cagionerà soltanto un ritardo. Conviene però notare che la mancanza di un filo conduttore può essere la causa di una reincarnazione in un ambiente estraneo.

Ho notato che in Francia, quelle poche persone che desideravano di essere cremate ed esprimevano il loro desiderio nelle ultime volontà, erano quelle che, benché ignoranti, avevano un vago istinto che la cremazione fosse una separazione più assoluta da una terra dove non erano stati felici. Distruggendo la forma posseduta, pensavano confusamente di evitare, almeno in una certa misura, un troppo rapido ritorno.

Tuttavia, la cremazione, che è cosa saggia per i saggi, non può essere praticata in un paese dove, relativamente alla morte, regna l'ignoranza. I Greci avevano stabilito un intervallo di dieci giorni fra la morte e la cremazione; presso i popoli più barbari che praticano la cremazione, i morti sono conservati per almeno cinque giorni prima di essere bruciati. La cremazione rapida, come viene praticata da noi, è un atto d'imprudenza.

Ch'essi riposino in pace! dicono tutte le preghiere dei morti, e il riposo è necessario per il distacco del corpo invisibile. E' vero che il distacco avviene generalmente in un modo immediato, ma per quelli che sono posseduti da un violento desiderio di vivere o che sono morti improvvisamente, il legame si spezza più lentamente. Perchè il corpo affettivo abbandoni il corpo fisico del quale per tanti anni ha costituito il doppio, è necessario un principio di decomposizione; or accade che in capo a tre giorni o anche più, il doppio non s'è ancora staccato. La cremazione dunque deve essere considerata come un'imprudenza se viene praticata da uomini barbari, che non sanno nulla della vita futura e nulla vogliono sapere.

Nel Malabar e sulla costa del Coromandel, per molti secoli è stato praticato un rito, che ha sollevato la riprovazione del mondo intero e che, tuttavia, nascondeva una profonda saggezza. La sposa, o le spose del morto erano bruciate insieme con lui. Il rito era crudele per l'abuso che se ne è fatto e per il numero delle spose sacrificate. Infatti, se alla morte di un re, si bruciavano le sue cinquanta mogli, è difficile supporre che tutte cinquanta lo amassero appassionatamente anche nella morte, ma se una donna, o anche molte donne, hanno fatto a un uomo il dono di sé, l'unico mezzo, che si offre loro per non abbandonarlo nel momento della morte, è di morire con lui in un'unica fiamma.

Il fuoco possiede un potere di distruzione, ma ne possiede anche uno d'unione: nell'intenso fuoco del sole vibrano insieme gli esseri più che divini che hanno raggiunto il più alto grado dell'unione. Il fuoco separa definitivamente il corpo dal doppio, ma i doppi che si amano sono, in questa distruzione, uniti; le creature che si sono amate e che hanno sognato di stare insieme, sono lanciate confuse nei mondi sub-terrestri, realizzano l'unione concepita durante la vita, sfuggono alla ricerca e al mutamento. In cambio di qualche minuto di sofferenza fisica conoscono durabilmente una felicità divina. Felici gli amanti i cui corpi sono nello stesso momento divorati dal fuoco!

Se col pensiero risalgo il corso della mia vita, vedo di non avere mai conosciuto una creatura sì staccata dal desiderio di vivere e sì ricca d'amore e di certezza, da essere pronta a salire con me su un rogo simile a quelli che s'inalzavano sulle rive del Coromandel. Lo rimpiango e nel mio rimpianto non v'è egoismo; sarei stato prontissimo a fare un patto di reciprocità con colei che, vivente, avesse saputo affrontare il fuoco per seguirmi. Sono convinto che un dolore atroce, ma passeggero, non è certamente troppo per pagare l'unione operata dalla fiamma. Vedremo poi, più innanzi, come in questa unione oltre la morte si nasconda il segreto ideale della natura e quanto interesse abbiamo noi di raggiungerlo.

Capitolo XI
L'Endura degli Albigesi

Il miglior mezzo per vincere la morte sarebbe quello di sopprimerne la causa prima: la nascita. I saggi, che in ogni tempo hanno predicato la rinuncia e la soppressione del desiderio, non hanno avuto altro scopo; infatti, vincendo il desiderio, si evita la generazione, ma essi non sono arrivati fino alle conclusioni del loro pensiero per timore di sollevare la riprovazione di tutti gli amanti della vita.

Chi giudica la vita cattiva, può fare cessare questo male sopprimendo con la violenza la propria. Il problema sembra molto semplice **a priori**, ma, esaminato con maggiore cura, e anche non considerando il coraggio necessario al suicidio, sembra sia infinitamente più complesso di quanto non appaia.

Intanto bisogna pensare che la semplicità troppo evidente in una legge della natura nasconde sempre all'uomo qualche tranello pericoloso.

L'idea del suicidio sembra odiosa a quelli che amano la vita, spaventa quelli che soffrono indicibilmente, perchè non sono certi di non trovarsi, dopo la morte, in uno stato peggiore, il che, in moltissimi casi, potrebbe senz'altro accadere. Quelli che hanno la certezza che gli stati seguenti la morte siano migliori degli stati della vita, potrebbero considerare favorevolmente il suicidio, ma, generalmente, non lo fanno e, nella maggioranza dei casi, non in tutti, hanno ragione.

Non v'è nessuna ragione metafisica per considerare il suicidio come un'azione cattiva in se stessa; ordinariamente è cattiva, ma per ragioni pratiche e perchè può essere la causa di dolorose conseguenze nell'ai di là. Se si riconosce all'uomo il diritto di darsi la vita col suo desiderio, non v'è nessun motivo di negargli il diritto d'uccidersi, giacché, rigorosamente parlando, la vita è uguale alla morte. Se, contro il suicidio, si obbietta che la volontà umana non deve turbare l'ordine divino delle cose, ragionevolmente si può rispondere che anche una volontà di suicidio può essere considerata come facente parte dell'ordine divino. Spesso un uomo è spinto al suicidio da una lunga serie di cause e d'effetti assolutamente indipendenti da lui, nel qual caso il suo atto, determinato da avvenimenti rigorosi, assume un carattere provvidenziale, diretto cioè dai disegni della Provvidenza. L'ordine divino, nella sua organizzazione, ha previsto le morti violente, le guerre, le epidemie e i suicidi come ha previsto le altre fatalità.

Nell'antichità il suicidio non ispirava quell'orrore che ispira oggi; Platone riconosceva molti casi nei quali era permesso: una «situazione penosa» e il «timore di un avvenire d'infelicità» erano ai suoi occhi ragioni sufficienti. Gli Stoici distinguevano cinque casi di suicidio legittimo, dei quali uno era la miseria.

Il filosofo Zenone trovò poi per sé un caso supplementare: la risposta a una specie di chiamata sentita da lui solo. Aveva sessant'anni, età nella quale generalmente il desiderio di vivere si accresce, e ad Atene menava una esistenza calma e tranquilla. Un giorno, uscendo dalla scuola, cadde e rimase, per qualche secondo, steso a terra. Lo si vide tendere l'orecchio e lo si sentì dire: E' inutile chiamarmi. Vengo! E con la mano battè leggermente il suolo quasi a conferma del suo viaggio. Rincasò e si strozzò.

Presso i Galli, allorché qualcuno era deciso di suicidarsi, chiedeva la convocazione di una specie di areopago composto dai più assennati abitanti della città, ai quali esponeva le ragioni che aveva per abbandonare la vita. Se le sue ragioni erano riconosciute sufficienti, egli riceveva una autorizzazione ufficiale al suicidio. Sempre per i Galli, la vita dopo la morte era cosa sì certa che molti affari si stipulavano mediante un credito che si realizzava solamente nell'ai di là.

Il popolo ebreo invece, del quale tutti gli occidentali sono eredi morali, ha attribuito alla vita quello smisurato valore che anche noi le riconosciamo, valore che nasce dall'amore per il piacere fisico e dal segreto materialismo nascosto anche nel cuore dei cristiani più credenti. La legge mosaica interdiceva ai suicidi la sepoltura; la Chiesa Romana inventò dei supplizi per punirli; durante il Medio Evo si toglievano le pietre dalla soglia della casa di un suicida, perchè il suo corpo, che doveva essere trascinato fino alle forche patibolari, non era degno di toccare le pietre di Dio.

Non ostante il rigore delle leggi, nel tredicesimo secolo, nel mezzogiorno della Francia, si diffuse una setta, nota sotto il nome di setta degli Albigesi, i cui insegnamenti molto s'avvicinarono a quella saggezza che l'uomo dovrebbe possedere sulla terra*.

Come i Buddhisti indiani, gli Albigesi di Linguadoca riconoscevano che spirito e materia sono i poli opposti di una stessa forza e identificavano il bene con lo spirito, il male con la materia. L'uomo composto di questi due elementi è gettato, per mezzo della trasmigrazione, nel mondo delle forme mutevoli ed è costretto al perpetuo turbine delle trasformazioni dal suo attaccamento al principio dell'esistenza. Per sfuggire al dolore della materia e raggiungere la gioia spirituale, la gioia dello stato divino, è necessario sopprimere il desiderio di vivere.

Essi colpivano la vita fin nelle sue radici; infatti consideravano come detestabile l'unione dell'uomo e della donna e insegnavano che il matrimonio è maggiormente colpevole di una unione illegittima, perchè obbliga la società e Dio a consacrare uno stato permanente di peccato. Per loro l'atto sessuale dell'amore aveva un potere di richiamo, una magica forza di seduzione che chiamava un'anima alla vita. Le anime godevano una vita di beatitudine e di voluttà celeste e gli uomini, accoppiandosi, offrivano loro, con la voluttà materiale, una tentazione d'incarnazione.

La conseguenza naturale della soppressione del desiderio era la soppressione della vita stessa. Praticavano il suicidio in tutte le forme, ma molto giudiziosamente, avevano riconosciuto che il modo più pratico di morire, in vista della vita dell'ai di là, era quello che essi chiamavano l'Endura, e che consisteva nel lasciarsi morire di fame, la qual cosa spesso si protraeva per assai tempo, perchè durante l'Endura era permesso bere dell'acqua. L'assenza di nutrimento produceva un lento indebolimento analogo a quello prodotto da una malattia, favoriva il distacco dalle cose

---

* Lo studio più completo sugli Albigesi è quello di Giovanni Guiraud nel primo volume del *Cartulaire de Notre Dame de Prouille*. Vi sono esposte in modo chiaro le differenze fra l'Albigesimo, il Buddhismo e il Cristianesimo. Bisogna tener conto dell'imparzialit à della trattazione.

terrene, e permetteva al morente di superare la soglia della morte senza un urto violento. Vedremo poi quanto sia utile l'assenza di tale urto.

Nella storia degli Albigesi si incontra uno dei più prodigiosi esempi della straordinaria potenza che la natura insuffla a certi organismi quando essa voglia farli sussistere, e della misteriosa tenacità che essa spiega per mantenere alcune forme predestinate, per ragioni incomprensibili, a vivere.

Certa Guglielma di Tolosa decise di morire e si tagliò le vene, pensando fosse quello il mezzo più rapido per raggiungere lo scopo. Ella, senz'altro, dovette fare la cosa senza perizia, perchè fu costretta a ripetere più volte, e sempre inutilmente, il tentativo. Allora, per indebolirsi, fece dei bagni prolungati che forse a sua insaputa le giovarono non poco per i benefici allora ignoti dell'igiene. Bevve diversi veleni ai quali resistette e, tardando la morte a venire, inghiottì del vetro spezzettato per perforarsi gli intestini. Fu arrestata come eretica e imprigionata. In prigione rimase parecchio tempo e, quando i parenti la credevano già morta, ricomparve più viva che mai; aveva rinunciato alla morte e abiurata l'eresia albigese. Attorno a lei si formò la leggenda che la morte non sapeva da quale lato prenderla. Visse fino a un'età straordinaria, giacché tutti i suoi sforzi non erano valsi che a conferirle una specie di eternità fisica, quella che essa non voleva. Come con l'amore, non si può scherzare con la morte.

I perfetti della setta albigese, i saggi cioè, si guardavano dall'imporre l'Endura come un obbligo; la folla dei credenti era tenuta a perfezionarsi nella misura delle sue forze, vivendo una comune vita; l'Endura era considerata fra di loro come un segno di santità. Se le Endure furono molte vuol dire che tra gli Albigesi vi furono molti santi. In cambio della vita, la fede albigese schiudeva innanzi all'iniziato, col rito del Consolamentum, un immenso orizzonte di possibilità.

Il Consolamentum era il suggello della purificazione: chi lo riceveva aveva confessato e rinunciato ai propri errori e il Consolamentum era il rito che ne annullava le conseguenze e sopprimeva il Karma. Era amministrato da un Perfetto e aveva per simbolo un bacio, giacché non è possibile un passaporto per l'ai di là che non sia contrassegnato col segno dell'amore. Il Consolamentum racchiudeva un segreto ora perduto, trasmesso da una parola ora dimenticata e dava una rivelazione che per sempre è morta. Era l'espressione della magia più divina, quella che fa intravedere la realtà della vita spirituale. Chi la contemplava non provava più il desiderio di partecipare alla realtà che lo circondava. La Chiesa vide che i suoi sacramenti erano stati superati, comprese i pericoli di quella estrema unzione illuminatrice e decise di annientarla: vi riuscì egregiamente. Gli Albigesi erano distruttori della famiglia e della società quali non ne erano mai esistiti e, perchè possedevano il segreto della morte e della rinascita illuminata, furono sterminati fino all'ultimo.

Capitolo XII
Il Suicidio degli Uomini e il Suicidio degli Animali

Il suicidio dunque non è una mostruosità umana anche se, generalmente, è ora riprovato. Nella natura e una forza nascosta, una espressione dell'eterna contraddizione della vita. Se i vegetali non si suicidano, il che però non è certo, si hanno numerosi esempi di suicidi d'animali. Alcuni cani si suicidano rifiutando il cibo e quasi sempre sono spinti a questa azione dalla fedeltà al padrone morto, da quello cioè che in loro v'è di migliore, dalla loro virtù e per quello che essa ha di più nobile. Anche alcune scimmie, tenute in cattività, si sono comportate ugualmente, perchè erano state private della loro libertà, elemento indispensabile al loro sviluppo.

Or non è molto, i giornali hanno riferito il suicidio, in Inghilterra di una scimmia, per impiccagione.

Sono stato testimone del suicidio di una gatta e mi è parso di comprendere che in un atto simile una specie animale manifestasse la sua nobiltà, si inalzasse a un grado d'intelligenza sufficientemente alto per comprendere la miseria dalla quale era colpita e protestare contro quella.

La gatta viveva sulla riva del mare, nella casa di un pescatore, ma, rispetto al suo padrone, era in uno stato di semi servitù. Una malattia l'aveva resa zoppa, sofferente e d'umore melanconico. Quando ebbe i piccoli, li portò, sia per diffidenza, sia per selvatichezza, su una collina non lontana, in mezzo alle selvagge brughiere e un giorno, con grande sorpresa del pescatore, ritornò a casa seguita dai piccoli già in grado di camminare. Li accompagnò fino ai piedi dell'uomo quasi volesse raccomandarglieli poi, deliberatamente, si slanciò nel mare. Il pescatore, vedendola allontanarsi e dibattersi fra le onde, la inseguì, la trasse dall'acqua e, poiché aveva finito con l'affezionarsi alla bestia, non ostante le stranezze del suo carattere, l'asciugò, la frizionò e la stese al sole su di un cencio. Essa lo lasciò fare docilmente, ma appena si fu allontanato, si precipitò nuovamente nelle onde, s'allontanò più di prima e s'annegò.

La sofferenza degli animali è più misteriosa della sofferenza umana e quegli che, incondizionatamente, ammira l'armonia del mondo e spiega il dolore umano come un mezzo offerto da Dio per il progresso, o come la conseguenza di errori commessi nelle precedenti vite, che può mai dire del disperato dolore dell'animale?

Ho guardato quell'angolo di mare scelto dalla gatta per porre termine alla sua vita e, ricordando un'asserzione di Porfirio che, cioè, il doppio animico di un animale morto di morte violenta non s'allontana e dimora lungamente sopra di lui, ricordando anche che gli studiosi della morte unanimemente considerano l'acqua come l'elemento meno adatto alla dissociazione del corpo invisibile e gli annegati come quelli che più difficilmente degli altri possono compiere la separazione necessaria, ho cercato se, venendo la sera, una fosforescenza lamentosa m'indicasse il luogo della presenza del doppio di una gatta che, con un atto inatteso di libertà, aveva saputo vincere tutti gl'istinti dell'oscura animalità.

Simili ricerche però sono sempre vane. La bestia dagli occhi di fiamma fulva, che era stata sì saggia da voler mettere i suoi nascituri al riparo della crudeltà umana, sì paziente da attendere il compimento del loro sviluppo, sì decisa da stabilire il minuto della sua morte, aveva restituito gli atomi della sua sostanza alle anonime correnti della materia in movimento. Nelle trasformazioni eterne nulla sarebbe rimasto a testimoniare del suo passaggio attraverso le brughiere della collina, o attraverso le sabbie della spiaggia, perchè l'intelligenza e la virtù del rango animale non sussistono nel tempo. Per la gatta quindi non v'era né speranza di perfezione, né promessa d'immortalità. Noi, però, non sappiamo nulla dell'anima della bestia e non abbiamo mai cercato di conoscere la luce della sua coscienza. Chi sa però se la prospettiva del nulla, confusamente apparsale, non avesse contribuito a deciderla di abbreviare la sua disperazione?

Ma il suicidio è un errore della disperazione. Le religioni e le teosofie l'hanno proibito minacciando e ne hanno, per uno scopo sociale e morale, esagerato il pericolo; ma quando l'uomo si è liberato, e deve assolutamente liberarsi, dai pregiudizi sociali e morali, nel caso del suicidio, si trova innanzi a un pericolo molto più grave del dolore al quale la vita lo ha assuefatto.

Il violento contro se stesso distrugge soltanto il proprio corpo fisico, e nell'ai di là si ritrova subito accanto il dolore al quale voleva fuggire e le cause dello stesso dolore. La violenza della sua azione e l'urto ricevuto lo privano del sonno riparatore che la natura concede dopo la morte, oppure abbreviano quel sonno, Ora, poiché ha una coscienza diversa da quella che aveva quando era ancora illuminato dal sole dei viventi, non possiede più alcun rimedio per attenuare la sua angoscia, che ancora dura.

Se egli si è ucciso per un amore tradito, la delusione sarà, nell'ai di là, anche maggiore. Il suo amore era un appassionato trasporto per una carnale forma, ora egli si trova in un mondo dove le forme non sono più percettibili. Vivendo ancora, egli avrebbe potuto sperare di conquistare l'essere amato con le sue azioni, ma ora egli è sprovvisto della forma necessaria all'azione. Se si è ucciso per timore o per disgusto della vita, porterà ancora in sé e il timore e il disgusto, perchè non sarà sufficientemente cosciente per rendersi conto che, là dove egli è, è liberato dal male e dalle laidezze della terra. Egli apparirà dunque, nel regno delle ombre, privo dell'elemento essenziale a qualsiasi forma di vita; in qualsiasi mondo egli sia, apparirà disadorno di quella luminosa armatura che ciascuno deve da solo foggiarsi e che e costituita dalla serenità della coscienza gioiosa. E correrà il rischio, per la sua debolezza, d'essere preda delle larve inferiori, delle fantasmagorie dei desideri erranti e delle indefinite imaginazioni.

In tutte le religioni, molti santi e molti asceti hanno cercato, per fuggire la vita e raggiungere al più presto il mondo divino, una via intermedia fra il suicidio e la morte naturale: si sono esposti alle intemperie, hanno offerto indifeso il loro corpo alle malefiche potenze delle malattie, hanno cioè scelto una forma ipocrita di suicidio. Ma la Chiesa e l'opinione comune degli uomini, ugualmente limitate, beatificano i furbi, che giocano con la legge divina, e rifiutano la terra benedetta e gli onori funebri a chi troppo sinceramente, troppo violentemente e rudemente rifiuta la forma carnale, mantello del peccato.

Eppure, la natura dà ragione all'ipocrisia. La morte che segue una malattia possiede rivestimenti e preparazioni, che la rivestono, se non di dolcezza, almeno d'indifferenza; una brusca separazione invece, è sempre, per l'uomo comune, accompagnata da un certo dolore, provoca l'incoerenza, ritarda il ritorno della coscienza, rende più gravi le tenebre.

* * *

Soltanto nella più grande allegrezza ci si può suicidare; per darsi volontariamente la morte, è necessario avere conquistato la serena e definitiva gioia della intelligenza e dell'amore. L'anima allora è libera, non legata ai beni terrestri, ha formato da sé la sostanza delicata del corpo che ora vivrà per sempre, ha preparato la sua luce e può rompere il legame che l'unisce alla materia. Bisogna essere però spiritualmente molto progrediti e non lasciare dietro di sé attaccamento alcuno.

L'egoista assoluto, per quanto d'alta intelligenza, non potrà sfuggire, nel mondo affettivo dove entrerà, ad un inatteso freddo di solitudine e, similmente, uno spirito amante, ma privo della lampada del sapere, ondeggerà in un dolce benessere, turbato però dall'angoscia delle tenebre.

L'uomo che s'uccide nella perfetta gioia si slancia molto lontano dal mondo terrestre, quasi lanciato dal suo atto e trasportato su una navicella spirituale. Nessuno però possiede la serenità necessaria all'audace separazione, nessuno possiede un'incrollabile certezza sull'ai di là e la minima goccia di dubbio è sufficiente a turbare, col terrore, l'allegrezza indispensabile al distacco, nessuno è assolutamente sciolto dall'attaccamento, nessuno ha in sé la speranza necessaria: tutti sono troppo obbedienti alla legge.

E, del resto, è molto meglio così. Quando si passano in rassegna le condizioni della superiorità, ognuno, per quanto mediocre sia, se le riconosce come proprie e se, per un rapido diffondersi di una credenza simile a quella degli Albigesi, il suicidio entrasse nella consuetudine, i più sciocchi individui lo praticherebbero per primi condannandosi, per orgoglio e per ignoranza, a sofferenze postume e a rapidi ritorni sulla terra.

Alla forma non si sfugge facilmente e non basta distruggere volontariamente la nostra corazza di carne, di sangue e di ossa per esserne liberati per sempre. L'ubriacone che, per fantasia o disgusto, getta una volta il suo bicchiere non ha per nulla vinto il desiderio di bere, e il suicida, nella maggioranza dei casi, raggiunge l'effetto opposto a quello che si proponeva e non fa che rendere più tenace il suo amore alla vita. Chi vuole sopprimere la vita deve strappare la vivida radice, il legame magnetico che lo unisce alla sostanza, ma questa invisibile radice è più vigorosa, più ramificata, più ricca di migliaia di radichette di alcuna radice vegetale e si nutre di semenza umana come la favolosa mandragora. Per distruggerla è necessario un segreto d'ordine attrattivo. Conoscendo la potenza segreta dell'amore, si può varcare la soglia della liberazione.

Capitolo XIII
La Potenza della Sessualità

La morte è la via che conduce alla vita splendida, ma può anche condurre verso crepuscoli di semi-incoscienza. I desideri non realizzabili nell'ai di là, quelli che per l'espressione hanno bisogno della materia, diventano, dopo la morte, brume opache, che impediscono il moto nella luce desiderabile. L'anima è simile a una lampada che, unitamente a un suo debole chiarore, produce anche le nubi familiari che la velano.

Oh, slanciarsi nell'allegrezza della propria coscienza nel cielo azzurro dei morti! Che rapido andare e che visioni immense! Ma il velo che il desiderio sessuale tesse non si lascia penetrare dalla luce. La nube vivente che limita ogni orizzonte, la potenza della sessualità, ci fa aderenti alla vita fisica, la necessità primordiale d'essere maschio o femmina secondo la carne, ci richiama sulla terra.

Sono certo che, finché il desiderio sessuale esisterà in me, sarò trascinato verso l'incarnazione per soddisfarlo. Non mi trascinerà verso la terra la curva di un noto braccio particolarmente tepido, né l'espressione di un noto viso dalle labbra schiuse all'offerta, mi trascinerà una forza, che farà parte dell'essenza del mio essere e alla quale dovrò necessariamente obbedire. Questa forza la sento in me, l'ho accresciuta lungo il corso della vita e sono incapace di scacciarla. Non è la risultante delle mie azioni, perchè le azioni sono troppo povere creatrici; esse imaginano d'essere molto importanti, ma un solo pensiero bene diretto è sufficiente per annullare i loro effetti. La radice sessuale è profondata in me per l'opera dei pensieri quotidiani, è penetrata nel suolo angusto della mia terra individuale e io non posso più strapparla.

Con molta logica, e per molto tempo, ho ripetuto meco stesso che non ha grande importanza il compiersi di un atto che non fa male a nessuno, né a se stessi. Ora, è vero che l'atto fisico dell'amore non cagiona male, anzi, talvolta, offre qualche piacere alle due persone che lo praticano, è nell'ordine apparente del mondo, è il simbolo del principio superiore dell'amore, una specie di suggello sul patto firmato da due creature unite. Però mi sbagliavo, perchè non tenevo conto del carattere magico di quest'atto, perchè ignoravo ancora che, quando non genera fisicamente dei piccoli esseri di forma umana, produce, nel mondo invisibile, delle procreazioni tanto più numerose, quanto meno ha luogo il nascimento di piccoli esseri.

Il solo desiderio sessuale, secondato dal pensiero solitario, sviluppa delle forze, che assumono una esistenza confusa e che reagiscono su di noi. Il popolo di queste creazioni ci accompagna, vive nella nostra atmosfera, cammina con noi, s'alimenta della nostra sostanza, e ci rende, in uno scambio ininterrotto, quello che gli abbiamo dato.

Talvolta, quando siamo febbricitanti, riusciamo a percepire le forme strane alle quali abbiamo concesso l'esistenza; io potei rendermene conto nella chiaroveggenza favorita da un principio di malattia.

La cosa si svolse così. Da prima passarono innanzi ai miei occhi delle figure geometriche: triangoli numerosissimi, seguiti prima da quadrilateri animati, poi da cerchi il cui moto, da principio rapidissimo, si fece via via più lento. Un punto apparve in mezzo ai cerchi, poi il punto divenne un occhio, un occhio che ammiccava, privo d'intelligenza e stranamente fisso. Svanirono le figure geometriche e furono sostituite da delle forme: strane forme che avevano la caratteristica di allungarsi in modo singolare. Erano semi-animali e semi-umane, fluttuavano come le nubi, ricadevano simili a dei drappeggi, avevano l'apparenza di corpi. E i loro visi non erano dove dovevano essere: eran posti o dietro le spalle, o sul petto, o all'articolazione delle gambe e, molto spesso, la bocca si confondeva con un sesso femminile.

Ero sdraiato su di un letto basso e possedevo, o almeno credevo di possedere, tutta la lucidità del mio spirito. Le forme si movevano intorno a me nella luce che le tende semi tirate lasciavano entrare nella camera. Mi misi ad osservarle attentamente: assumevano sempre più di vitalità e notai che tutte erano come trascinate da un desiderio di accoppiamento. S'avvicinavano, si confondevano quando avveniva la strana unione di quelle larve, i visi diventavano più mobili, più umani e con una espressione che non era né il bene, né il male, né l'amore, né l'odio, ma un impersonale desiderio di soddisfacimento sessuale. Credo di non avere visto mai nulla di più implacabile, di più feroce di quei visi dagli occhi spenti, dalle bocche convulse, che non riflettevano nessun sentimento, se si toglie un appetito di dilatazione sessuale, di copule cieche.

Le larve fantasmagoriche si stiravano con tristezza per la loro impotenza al godimento e ricadevano su di me. Sul mio letto era un piumino di colore giallo che sembrava assorbirle come una spugna e che, in capo a pochi minuti, divenne il ricettacolo di forme accoppiate, di incubi agitati. Il piumino, con le sue pieghe, favoriva le lente smorfie dei visi. I contorni si facevano via via più precisi e, in taluni momenti, erano sì ossessionanti e di tale sconcertante oscenità, che, disgustato, riuscii a prendere un bastone appoggiato a un angolo della camera col quale cominciai a colpire a destra e a sinistra, modificando le sinuosità del piumino dove si svolgevano quelle contorsioni e dove si compivano gli abbracciamenti.

Nessun viso era completo, nessun membro era perfetto: vedevo degli esseri deformi e assolutamente sconosciuti. Alcuni avevano una particolare individualità, ma nessuno ricordava qualche persona incontrata o conosciuta, nessuno ripeteva gli atteggiamenti di una donna che si fosse riposata accanto a me. Si somigliavano tutti per l'assoluta insensibilità, per la nativa bassezza e per la strana tendenza a sviluppare, in pochi attimi, dei sessi sproporzionati.

Colpendo col bastone quei visi, che si volgevano verso di me considerandomi con troppa attenzione, rovesciando sul piumino quei seni nebulosi, facendo cadere la prominenza delle appendici, angosciosamente mi chiedevo di dove avevano potuto uscire quelle creature mai viste, mai viste, sinceramente! E, tuttavia non c'era in quegli sguardi qualche cosa di familiare? in certi miei sogni notturni non avevo intravisto delle oscenità analoghe?

E, a un tratto, la luce si fece in me: compresi. Io stesso avevo dato nascimento a quegli esseri indipendenti, che tra di loro si attiravano, a quei mostri incompleti, che si divertivano alle spese della mia febbre;

essi, progenie dei miei sogni, erano me stesso. Per quanto cattivo sia un uomo, dipende pur sempre dai propri figli, così io ero condannato a essere seguito da quei compagni inferiori, li avevo creati e dipendevo da loro; essi emettevano delle oscure correnti, che mi attraversavano. Ero obbligato a contemplarmi: quelle orribili imagini erano la proiezione della mia anima e, quando entrerò nel regno dell'ai di là, non avrò bisogno di rispondere se uno spirito fraterno mi chiederà: Che hai fatto durante la vita? perchè egli mi vedrà circondato dai mostri ai quali, pazientemente, avrò dato la vita.

Appoggiai delicatamente il bastone ai piedi del letto e rimasi a lungo con gli occhi chiusi.

* * *

Per molto tempo ho trovato i mostri graziosi e mi sono compiaciuto della loro compagnia. Fin dalla giovinezza, sapevo chiaramente che il vero scopo della vita è l'intelligenza, ma pensavo fosse possibile farne due parti: quella del piacere e quella dello spirito e che un domatore, fra uno spettacolo e l'altro nelle gabbie dei suoi animali, ha tutto il tempo necessario per leggere Platone o per studiare la dottrina di Buddho, e non riflettevo che molti membri delle famiglie dei Pezon e Bidel erano stati divorati dai leoni.

I corpi dei mostri che io ho creato non possono essere uccisi dal tridente del domatore e se io li colpisco con la frusta essi si dilatano e aggrandiscono. Alcuni discepoli della saggezza, che si sono trovati come me innanzi allo stesso problema, hanno tentato di risolverlo col metodo della soddisfazione e, con sincerità, si sono dati al soddisfacimento del desiderio sensuale per raggiungere la sazietà. Penso che abbiano raggiunto soltanto la sazietà fisica, tuttavia il loro metodo è meno pericoloso di quello dei santi e degli asceti, forse, è anche più piacevole. Le tentazioni di sant'Antonio, descritte dai poeti e dagli scrittori mistici, sono la storia di tutti quelli che, imprudentemente, tentano di mantenersi casti. Altrettanto varrebbe tentare di vivere senza mangiare e senza bere.

L'antica saggezza indiana prescriveva all'uomo comune una apprezzabile norma di vita: nella giovinezza doveva consacrarsi all'attività e al piacere; nella virilità crearsi una famiglia e avere dei figlioli; all'avvicinarsi della vecchiaia doveva ritirarsi nella foresta per meditare i consigli della natura, imparare il sublime messaggio trasmesso dagli uccelli e trovare nel proprio cuore la luce nascosta.

Disgraziatamente, questa saggezza non può essere praticata nell'Occidente. Intanto non è possibile avere una regola per l'uomo comune, perchè noi abbiamo così sviluppato l'orgoglio che una persona, soltanto per avere agitato due o tre idee, si considera superiore e come al di fuori della restante umanità. In secondo luogo, per alcuni pochissimi casi, veramente eccezionali, sarebbe giustissima una regola affatto diversa. Se si imagina una comunità fatta da Platone, Plotino, Goethe e Spinoza, ognuno di noi, qualunque sia la sua cultura, li biasimerebbe di consacrare la maturità della loro vita alla generazione di numerosi figlioli.

E finalmente la norma indiana non può essere praticata fra di noi, perchè non possediamo foreste dove l'uomo invecchiato e avido di saggezza possa ritirarsi. La nostra società è sì mal fatta e gli uomini sono così cattivi che il povero è disprezzato dai fratelli poveri e guardato dai ricchi con una degnazione più odiosa del disprezzo. Il saggio, seduto sotto un pino, non vedrebbe passare giorno senza che un gendarme non gli chiedesse i documenti, e senza che un onesto lavoratore non sputasse su di lui, perchè se ne sta ozioso. La volgarità e l'odio l'avvolgerebbero e gli avvelenerebbero la purezza delle meditazioni.

* * *

Come dobbiamo dunque comportarci di fronte a questa forza interiore, che eternamente ci riconduce nella cerchia delle forme e del godimento fisico?

Tutto quello che esiste ha la possibilità di trasformarsi, sia spiritualizzandosi e inalzandosi di un grado, sia retrocedendo. Benché questa possibilità esista anche nell'amore fisico di un uomo e di una donna, il potere di fabbricare l'oro è riservato a pochi e l'alchimia che si serve dei sessi umani per realizzare la grande opera è straordinariamente difficile, perchè bisogna dosare con delicatezza gli ingredienti visibili e perchè gli invisibili possono avere dolorosissimi effetti. Spesso l'alchimista s'entusiasma e crede l'opera riuscita soltanto perchè ha ucciso in sé la possibilità di distinguere l'oro dalla materia bruta.

Il segreto era forse conosciuto e praticato nei templi della Grecia, dove si celebrava il culto di Venere, cioè della potenza attrattiva. Due erano le Veneri per i Greci: la Venere volgare e fisica e la Venere spirituale. Le scuole delle sacerdotesse che, nello stesso tempo, erano scuole di cortigiane, sono considerate dal nostro spirito ignorante come centri di corruzione. La Venere terrestre chiedeva lo studio delle risorse del corpo per la voluttà e cercava il mezzo di moltiplicare il piacere con l'arte delle carezze; ma nel culto della Venere spirituale doveva essere insegnata la via della spiritualizzazione per mezzo del piacere fisico.

I segreti religiosi dell'amore, che non erano affidati ai papiri con la scrittura, né scolpiti sulla pietra, sono andati perduti. Gli atteggiamenti della bellezza e i moti del piacere sono stati sottratti allo spirito e, poiché il principio perisce quando manca la fede, non v'è più ora un tempio elevato all'amore.

L'amore, che potrebbe renderci simili a dèi, è stato privato del suo divino privilegio ed è glorificato soltanto dalla generazione. Di lui si rispetta solamente la funzione inferiore ond'è che quelli che vorrebbero ritrovare il segreto perduto debbono farlo oscuramente, senza l'aiuto di una tradizione e con tutti i rischi inerenti a una simile ricerca.

Capitolo XIV
Lo Spasimo dell'Amore e Quello della Morte

Misterioso è la spasimo dell'amore fisico: perfetto equilibrio fra la sofferenza e la gioia, esso è, per il nostro organismo, sopportabile per pochi secondi soltanto ed è una pregustazione della gioia creatrice che conosceremo, se non permanentemente, almeno durabilmente, quando ci rivestirà un corpo più perfetto. La natura ha voluto che l'atto della creazione ponesse, per un secondo, il creatore in un piano divino.

Fra lo spasimo dell'amore e lo spasimo della morte v'è un rapporto intimo: tutti e due sono il simbolo di una comunicazione con uno stato superiore, soltanto che la comunicazione della morte è passiva mentre quella dell'amore è attiva.

L'unione dei due spasimi è la sensazione più alta alla quale l'uomo possa aspirare. Alcuni amanti affetti di una malattia di cuore l'hanno provata ed è attribuita a chi muore per impiccagione, ma né gli amanti, né gli impiccati sono sufficientemente coscienti per trarre un qualche beneficio sublime dalla coincidenza dei due spasimi; quelli poi che ne hanno gioito pienamente non hanno avuto né la possibilità, né il desiderio di raccontarlo. La vista di un miliardario che dia a un povero un soldo suscita prima l'indignazione, poi provoca una gioconda risata; similmente si deve ridere della mostruosa avarizia della natura, che ha concesso soltanto pochi istanti al divino piacere dello spasimo. Ma anche se disperatamente breve, bisogna considerarlo come un bagliore, come un faro rivelatore che permette di intravedere, in un lume folgorante, l'orizzonte di un altro piano cosmico.

Talvolta, nella notte, in una camera d'albergo, si sente un lamento strano. Da prima ci assale il pensiero che non lontana vi sia una persona sofferente, poi, a poco a poco, distinguiamo un anelito regolare e la voce che geme come venire da un altro mondo. Si direbbe che la camera vicina, divisa dalla nostra soltanto da un debole tramezzo, sia in un altro pianeta. La creatura gemente ha provvisoriamente abbandonato il mondo terrestre, limitato per lei dalle tende tirate, dai tappeti sciupati, dalle pareti anonime, e dimora nell'universo dello spasimo: universo che si apre e si richiude colla rapidità di una imagine vista in sogno.

Ognuno di noi, per qualche secondo, partecipa alla vita di quell'universo; ciascuno ne ha una particolare rivelazione; pochi però sanno profittare della luce che ricevono. La quantità di disgusto provato alla fine dello spasimo può indicare a ciascuno la quantità della sua animalità, perchè il disgusto è un segno certo che lo spasimo ha abbassato invece di inalzare. Ogni uomo ha certamente avvertito talvolta, dopo l'amore, l'appello della bestia, ma se due esseri, nel piacere, comunicano con allegrezza non possono creare il disgusto, perchè si scambiano delle forze più sottili. Lo scambio è fisico e morale ed arricchisce; quando l'amore è reciproco, l'unione, per così dire, non produce fatica fisica. In tal modo si può misurare la sincerità del dono nell'amore. E non v'è più tristezza. La gioia che rimane dopo l'estinzione dello spasimo è il segno degli eletti.

Alcuni uomini, desiderosi di inalzarsi verso la spiritualità, hanno pensato di spiritualizzare gli elementi sessuali. Il principio consiste nel rendere immateriali le essenze spermatiche e nel trasformarle in atomi più sottili che vanno a consolidare il corpo spirituale. Ma per simile alchimia superiore la formula è rimasta segreta; non è possibile sapere se qualche saggio sia riuscito allo scopo, ma se qualcuno v'è pervenuto deve avere subito dei bruschi ritorni della sessualità irritata d'essere stata trasformata. Infatti si sono visti uomini che, per molto tempo avevano condotto una vita troppo perfetta, assaliti improvvisamente da una smisurata violenza. Il desiderio ritorna allora deformato, anormale e furioso, quasi volesse la rivincita di una costrizione troppo rigorosa.

Per inalzarsi nel mondo spirituale penso sia più prudente servirsi dell'amore fisico senza pensare di distruggerlo, praticandolo misuratamente, con adorazione, quasi considerandolo un sacramento. Non è però necessario dargli il valore di una cerimonia. Il desiderio dei sensi è brutale e improvviso, non obbedisce alla volontà, si ribella alla disciplina, quasi avesse, nell'organismo umano, una certa indipendenza. Non si può chiamarlo ad ogni momento, bisogna aspettare il suo beneplacito. Talvolta ci sveglia a mezzo della notte e ci obbliga a delle irragionevoli passeggiate. In realtà però è sottomesso a delle correnti la cui origine ci è ignota, che passano e scompaiono e i cui passaggi ci potrebbero essere indicati soltanto da una perfezionata astrologia.

Come una pianta inaffiata, il desiderio sensuale cresce a misura che lo si soddisfa, e se non lo si soddisfa, profonda in noi radici difficilissime a strapparsi. Somiglia insomma a un insensato, che va da sinistra a destra, che viene, va, abbandonandosi sempre a mille follie. Bisogna impadronirsi di questo insensato, di questo fantasioso automa, e, fingendo di soddisfare i suoi capricci, orientarlo verso una nuova direzione, dare alle sue azioni un carattere religioso.

Tale religiosità, che consiste nell'approfittare dello spasimo dell'amore per arricchire la propria anima e per conquistare una potenza che supererà la morte, non abbisogna né di rito, né di cerimoniale. Ognuno celebra a modo suo il mistero sessuale. I Greci e i Romani avevano riconosciuto che l'amore praticato collettivamente aveva un'importanza maggiore. Essi non pensavano solamente a un accrescimento della voluttà, ma, con molta ragione, pensavano che, per mezzo dello spasimo, fosse possibile creare una unione più completa di quella di due individui solamente: l'unione di tutto un gruppo. Una potente entità collettiva avrebbe potuto fondarsi in questo modo. Forse riuscirono a realizzare la cosa, ma tutto degenerò molto presto in volgari baccanali, che produssero l'effetto opposto. Infatti non bisogna dimenticare che, se l'amore fisico ha la possibilità di elevare, non l'ha però generalmente, ma soltanto in pochissimi casi, e che la sua potenza d'abbrutimento è molto maggiore.

Vano sarebbe tentare un esperimento di quest'ordine nei nostri tristissimi tempi nei quali è già molto difficile essere in due.

Ma quando la cifra di due sia raggiunta, chi desidera trarre dall'amore il più grande beneficio deve pensare che il desiderio reciproco d'unione è l'elemento essenziale. Alcuni profumi possono essere degli ausiliari, notevolmente una miscela di incenso e di muschio. Il contatto dei metalli è da evitare, anche quello dei gioielli e, sopra tutto, il contatto dell'oro, che assorbe incessantemente i desideri di cui è l'oggetto. Non bisogna avere bevuto bevande alcooliche, che paralizzano nell'organismo il sorgere delle affinità spirituali e soltanto con molta precauzione si potrà utilizzare l'oppio, che facilita il dono di sé alla persona amata. La mano che cinge la nuca all'attaccatura dei capelli favorirà lo scambio delle correnti affettuose, e il respiro commisto col respiro sarà il simbolo dell'unione più sottile delle essenze dell'essere.

Quando gli amanti vedranno confondersi le cose intorno a loro, quando, per l'avvicinarsi dello spasimo, saranno gettati in quel turbamento che altera il suono della voce, che al grido del piacere dà l'accento della disperazione, dovranno, non ostante il velo che cade sull'anima loro, creare una intima e vivente imagine di loro stessi. Sia l'imagine quanto più è possibile chiara, e rappresenti i loro esseri uniti, fusi in una sola creatura ideale e spiritualizzata, affinchè, quando lo spasimo farà passare attraverso i loro corpi un rivo di metallo in fusione, intravedano, nella brevità di un secondo, una porta aperta sul mondo dell'ai di là. Che la duplice imagine, diventata unica, si slanci oltre la porta per apparire, durante una infinitesima parte di tempo, nell'inconoscibile regione. L'efimera creatura, figlia dell'affezione imaginosa, ricadrà coll'esaurirsi del piacere, svanirà come il calore dei loro baci, e li lascerà nuovamente due e separati nel letto fattosi più profondo, ma si sarà mostrata sulla soglia del divino a testimoniare quello che l'uomo e la donna, col loro contributo terrestre, possono compiere di migliore: l'ultima e perfetta creazione del loro amore.

Capitolo XV
La Perfezione Attraverso l'Amore

Alcuni medici mi hanno riferito che, a volte, vengono portati negli ospedali degli uomini segnati dal fatale segno della solitudine. Richiesti dell'indirizzo della loro famiglia, rispondono che tutti i loro familiari sono morti da un pezzo. Non hanno moglie, né amante, né amico: nessuno che si curi della loro sorte e, se si insiste nelle domande, finiscono per indicare il proprietario della pensione dove si sono ammalati come la persona loro più vicina.

Nessuno stato mi è sembrato più miserabile di quello di questi solitari che, in tutta la loro vita, non sono riusciti a creare alcun legame con i loro simili. Donde viene questa solitudine? da un naturale egoismo o da uno smisurato orgoglio? E' il prodotto dell'assenza dell'amore o degli urti di diverse circostanze concorrenti? E che accadrà di costoro dopo il minuto della morte? Saranno compensati dell'infinita miseria della solitudine? Come però potranno godere di benefici effetti se non ne hanno creato le cause?

E pensavo che tutta la vita dell'uomo è una lotta contro la solitudine. Gli uomini si raggruppano in famiglie, si chiudono nelle città, si affezionano gli uni agli altri per sfuggire alla terribile immensità dell'universo e alla spaventosa prospettiva di trovarsi di fronte a se stessi.

Tuttavia, per quanti sforzi uno faccia, il suo egoismo è così potente, i suoi pensieri e le sue azioni sono tanto naturalmente rivolte verso di sé, che egli percorre la vita quasi solitario, più solitario di quanto egli possa imaginare nelle sue più pessimistiche meditazioni.

Chiedere ai propri amici quante persone, in tutta sincerità, siano loro fortemente affezionate, tanto fortemente d'avere la vita spezzata in causa della loro morte, è fare una molto melanconica esperienza. Naturalmente non bisogna comprendere nell'elenco né il padre né la madre, perchè i genitori, nel figlio, amano se stessi, la propria propaggine fisica, per-chè l'amore dei genitori, dipendendo direttamente dall'istinto, è il più egoista. Le affezioni invece, meno dipendono dai legami del sangue, e più sono il risultato della libera scelta, più sono nobili.

Gli interrogati credono di poter dire una cifra considerevole di persone delle quali posseggono l'amore, ma, riflettendo, s'accorgono che tutti quegli amori sono soltanto delle parvenze basate sull'interesse e che la soppressione dell'interesse trascinerebbe seco anche la caduta dell'a-more. Dopo molti calcoli, dopo molte addizioni, gli ottimisti trovano due, talvolta tre nomi, ma i più debbono melanconicamente riconoscere che possono considerarsi felici se, sulla terra, v'è una creatura che sappia amarli con sincerità e disinteresse.

Una, una sola creatura! La quale può morire, o, eventualità più terri-bile, cessare dal volergli bene.

L'amore è la maggiore ricchezza e tuttavia, dopo avere teso le braccia e desiderato, dopo essersi dati con entusiasmo, ecco la messe dell'uomo.

Ma questa inconcepibile miseria, questa inaudita povertà consegue all'errore iniziale dello scopo dei nostri affetti. Noi abbiamo limitato il nostro amore alla sola specie umana e, nella specie umana, l'abbiamo limitato a un essere di sesso diverso, che può darci il piacere.

L'amore per i vegetali, per i minerali, per i pianeti e per la luce è della stessa essenza di quegli amori ai quali si è convenuto d'accordare il no-stro rispetto. Bisognerebbe insegnarlo nelle scuole e volgarizzare i me-todi atti a svilupparlo. Spesso mi sono chiesto per quale imperdonabile dimenticanza, o per quale inverosimile ignoranza Gesù abbia limitato le sue prescrizioni d'amore al solo amore degli uomini per gli altri uo-mini, giacché una sola parola nei Vangeli sulla nostra parentela con gli animali, avrebbe risparmiato la vita di milioni di creature, avrebbe di-minuito, nei secoli, la ferocia della specie umana.

In verità uno solo è l'amore e poco importa il modo come si svilup-pa. I benefattori celebri, i creatori di grandi opere non sono superiori a quelli che si sono dedicati a una modesta e quotidiana donazione, e un saggio che, seduto in mezzo a un campo, si consacrasse alla felicità d'una formica, obbedisse alle sue esigenze d'insetto, le facesse compiere, sulla punta d'un dito, i suoi lunghi viaggi, sarebbe il conquistatore di una ricchezza immensa come quella di un pastore d'uomini il cui sforzo nutrisse interi popoli. Poco importa a chi o a che cosa si fa dono di sé, l'essenziale è il dono di sé.

Più sulla terra si è donato, più grande è il beneficio che si riceve dopo la morte, perchè ci si è anticipatamente uniformati alla nuova legge. L'essere, nella corrente che lo porta verso la nascita, procede verso la condensazione e l'egoismo, in quella che l'afferra con la morte procede verso l'espansione, la comunicazione con l'universo.

* * *

«Possedendo un amante conforme alla propria anima s'acquista la perfezione», ha detto Platone, ond'è che la ricerca di un amante conforme alla propria anima è il più sublime scopo della vita. E tuttavia, quale compito e come delicato!

Come riconoscerlo fra tanti visi? E se si crede di riconoscerlo come essere certi di non sbagliarsi? Quante imboscate lungo il cammino! Uno vi procura tutto il piacere che potete chiedere, ma il suo tradimento vi delude; un altro vi si offre: le sue qualità morali sono simili alle vostre, ma una incomprensione fisica ve lo allontana. Il piacere a volte è una buona guida, a volte è un ingannatore che, con un bacio, vi tradisce.

Secondo Platone gli amanti perfetti sono due metà: il principio attivo e il principio passivo, che hanno già costituito un tutto unico. L'unità è stata divisa con l'incarnazione, ma le due metà desiderano ricongiungersi, ritrovare la loro vera natura, che è di essere uno.

Simile ad un attore povero di imaginazione, che ripete più volte gli stessi effetti in un solo dramma, la natura si serve, trasponendole, delle stesse leggi, e l'ordine divino nei diversi gradi della creazione mette a profitto un meccanismo somigliante. «I protozoi si moltiplicano per la divisione di una cellula madre in due cellule figlie»*. Le due cellule però, per non invecchiare e morire, debbono nuovamente congiungersi e «ritornare due in un uno per una specie di unione sessuale». Analoga

* ENRICO DE VARIGNY, *La morte e la biologia.*

è la legge dell'anima umana: v'è stata divisione, bisogna ritornare due in uno. In questa legge essenziale è nascosta la chiave universale di ogni cosa, dei due principi: maschile e femminile.

Sulla terra, dunque, dovrebbe esserci un essere solo col quale dovrebbe essere possibile compiere la propria realizzazione divina. Ora, se talvolta accade che alcune virtuose e fortunate persone trovino fin dal principio della loro vita la loro metà e presso di lei vivano tutta una esistenza di felicità, altre ve ne sono che la trovano, ma che subito s'accorgano, o per intollerabili differenze di carattere, o per il cinico abbandono, d'essersi sbagliate, e altre infine, che, dopo molti anni di amore appassionato e reciproco, perdono con la morte l'essere amato. Provano allora una infinita, ma breve disperazione e subito incontrano un nuovo essere amabile, che amano appassionatamente e dal quale appassionatamente sono riamate. Si possono citare delle anime ricche per il fascino e per il dono di sé che, per quattro, anche per cinque volte nella vita, hanno incontrato le divine metà. Interrogati, non sanno dire quale delle creature amate fosse il vero doppio complementare della loro anima sempre desiderosa di possessione. L'amore reciproco di due esseri è una via per giungere a Dio; l'amore per le pietre, le piante, Dio, sono altrettante strade e l'essenziale è di sceglierne una, non importa quale. Gli amanti scelgono la via più umana. Tutte le forze del mondo tendono con slancio a riunirsi e a ritornare alla unità. Due esseri che attuano l'armonia dei loro corpi e delle loro aspirazioni ideali, realizzano un'unità parziale, cominciano l'opera della natura, opera che tanto più facilmente deve compiersi, quanto più è tentata col compagno maggiormente fraterno, quello cioè che, nel corso delle proprie esistenze, si è più frequentemente incontrato. Due amanti inseparabili nel bene e nel male che reciprocamente si fanno, lavorano a una perfezione, costruiscono la loro unità, nel loro amore s'uniscono intimamente fino a confondersi spiritualmente, il che sembra essere lo scopo supremo dello spirito, almeno per quello che possiamo vedere noi e per quanto lontano possa giungere la nostra visione.

Quando gli amanti riescono a completarsi armoniosamente, il desiderio carnale non costituisce più un pericolo di retrocessione, perchè è diventato il segno del loro possesso, l'interpretazione fisica d'uno stato superiore. Allora possono sfuggire alla potenza reincarnatrice, perchè l'appello alla vita terrestre non esiste più per due anime, che hanno polarizzato in se stesse tutti i desideri e tutte le aspirazioni. Quello che trascina gli altri verso il mondo fisico non fa che avvicinarli maggiormente l'uno all'altro e alla realizzazione della loro unità. Resisi inaccessibili all'appello terrestre, divenuti creatori di una entità troppo potente per essere imprigionata in un corpo simile a quelli che vediamo sulla terra, possono essere proiettati in uno stato post-umano.

E' fuori dubbio però che questo risultato è infinitamente raro, perchè gli esseri che si amano sono quasi tutti condannati alla separazione e al dolore di cambiare di forma uno prima dell'altro, di chiamarsi vanamente dalle rive di mondi diversi, di tendersi le braccia invisibili, senza sapere se un giorno potranno ritrovare il solo calore che valga la pena di affrontare l'inesorabile miseria di vivere.

Capitolo XVI
L'Infedeltà dei Morti

Quelli che si sono amati si ritrovano. Non v'è coalizione di Dei, né potere cosmico che possa impedire il loro ricongiungimento. Le lune creatrici di umidi caos, gli astri folli non posseggono la capacità di distruggere l'affinità di due esseri decisi a ricongiungersi, dopo le trasformazioni della morte. Due esseri siffatti non possono essere divisi da nulla: non dai lunghi anni durante i quali quello che è rimasto sulla terra deve ancora vivere, mentre l'altro erra nell'ai di là; non dai sonni postumi anche se lunghissimi; da nulla se non dalla forza della dimenticanza esistente in loro.

La riunione avviene però soltanto in virtù del carattere spirituale dell'amore ed ha probabilità maggiori di durata se l'amore fu pochissimo materiale. La morte, distruggendo la forma adorata, interprete della nostra felicità e crogiuolo della nostra sofferenza, fa risuonare al nostro orecchio un inesorabile mai più.

Non brilleranno più gli occhi, lampade dove appariva la benevolenza dell'anima, non avranno più fremiti le mani, agili ministre del piacere, e mai più palpiterà il petto sul quale si posava la fronte. «Quello che una volta ha mutato forma, non la riprenderà mai più nell'infinità del tempo».

Al grado dello sviluppo dell'uomo, l'amore è sopra tutto amore per la forma, il piacere ha una parte preponderante e il corpo è lo strumento del piacere, di quanto insomma nella vita e maggiormente importante.

Con molta difficoltà riusciamo a imaginare l'esistenza di una persona amata priva del corpo nel quale eravamo abituati a vederla; molti amori non resisterebbero alla prova di un mutamento fisico.

Le religioni e le filosofie hanno capito che gli uomini desideravano essere perpetuati nella carne e hanno cercato dei mezzi più o meno verosimili per soddisfare quel desiderio, perchè le religioni e le filosofie sono come i governi, cercano di soddisfare i voti umani e, invece d'insegnare quello che sanno intorno alla verità, la velano, se è troppo cruda, e professano delle teorie che sono in rapporto con le aspirazioni delle maggioranze. La religione d'Ahura Mazda ammette la resurrezione dei corpi; la Cabala parla del respiro delle ossa, l'invisibile germe fisico che conserva il modello del corpo; san Paolo suppone che una misteriosa semenza sussista all'essere distrutto e che gli uomini resusciteranno nell'ora del giudizio universale. Ai tempi nostri Carlo Renouvier ammette «l'esistenza di un organismo insensibile, che sopravvive al corpo sensibile e conserva le potenze necessarie a produrre una corporale forma simile o superiore a quella già rivestita» e aggiunge, però senza ironia, «che questa ipotesi è tanto più potente quanto meno viene determinata».

Il dogma della resurrezione dei corpi, in qualsiasi modo sia imaginata, non resiste all'esame di uno spirito ragionevole. Le corporali forme si dissolvono nella tomba e, d'altra parte, anche durante la vita facciamo l'esperienza della morte dei corpi. La nostra forma è in uno stato di continuo mutamento e la forma del vecchio non ha più nulla in comune con quella dell'antico giovane che egli fu. Tuttavia, della statua deformata, della imagine che ha tradito se stessa, rimane un ricordo che ciascuno di noi conserva come una difesa contro il principio divoratore del tempo e contro la forza della mutabilità.

Il rischio maggiore al quale possono andare incontro due persone che si amano è costituito da un periodo di molti anni separante le loro morti. Spesso quello che rimane in vita dimentica, per opera degli avvenimenti della vita stessa e in forza di nuove seduzioni, l'essere perduto, il pericolo della dimenticanza è però maggiore in chi è morto. La natura, nelle correnti dell'ai di là, ha effuso le onde del Lete, perchè i morti, senza saperlo, vi si dissetino. Sulle rive del fiume, dove crescono i molli papaveri, essi camminano come sognanti e nella parvenza delle mani vuote raccolgono l'acqua che ha il colore del sonno. La dimenticanza concessa ai morti è il più divino dono della natura.

Il morto che ha amato è costretto a difendere il proprio amore contro se stesso con maggiore ardore di quanto non faccia quello che è rimasto sulla terra, è obbligato a perpetuare col ricordo un'imagine, che via

via sarà meno reale e che finirà col non corrispondere più alla realtà, che sulla terra si sarà trasformata. La lotta contro lo smarrimento della ricordanza è favorita, per il morto, dall'atmosfera terrestre dell'essere amato nella quale egli cercherà di rimanere. Egli deve resistere alla inebriante tentazione dei sogni confusi, delle fantasticherie trasformatrici e la sua vittoria è, bene inteso, proporzionata al grado della sua coscienza.

Per quanto credano d'amarsi, due persone, se per molto tempo rimangono separate, corrono il rischio di non ritrovare più fra di loro quell'armonia che formò la loro felicità e che era una facilità di vibrare insieme e di dare le stesse risonanze. Quando si ritroveranno l'accordo può anche essere differente. L'uomo, nella dura condensazione della forma fisica, si trasforma, noi stessi durante la vita ne siamo melanconicamente testimoni, ma molto più facilmente si trasforma quando la sua sostanza sia più sottile. Quello che muore prima diventa, per la sua stessa natura, più suscettibile di mutamento: la curiosità per il mondo nuovo nel quale si trova, l'agilità del pensiero, che accresce via via la facoltà di penetrazione, lo invoglieranno, se ha raggiunto un certo sviluppo, a percorrere gli orizzonti infiniti schiusisi innanzi a lui. Come resisterà alla curiosità di attraversare gli splendidi spazi, di scoprire e di espandersi? Come potrà resistere alla maravigliosa gioia che gli procurerà la sua nuova possibilità d'espansione?

I morti sono stranamente infedeli, molto più infedeli dei vivi e tanto più lo sono quanto più hanno raggiunto un alto grado di sviluppo. L'uomo comune che, nell'ai di là, possiede soltanto una confusa coscienza, può facilmente rimanere polarizzato all'attrazione terrestre dell'essere amato; in seno al sogno nel quale è immerso trova un languore pieno di benessere e non distingue altra possibilità da quel tepido calore dell'affetto. Riposa e attende, e la sua fedeltà è tanto più certa in quanto egli non coglie le tentazioni della nuova vita.

Ma se il morto ha una coscienza acuta e se i desideri fisici non gli oscurano la visione, avverrà altrimenti: la terra gli apparirà in una luce più giusta come un pianeta diseredato, centro di dolore colorato d'una luce violacea e oscura, intorno al quale girano le correnti più materiali del mondo. Egli comprenderà allora la dolorosa gravità della caduta originale, sempre mal spiegata, sempre mal compresa; intravedere i mondi dello spirito dove, in uno stato più delicato della materia, navigano gli archetipi della bellezza dei quali tutto quello che gli è apparso sulla terra non era che una miserabile caricatura.

Soltanto se amerà infinitamente egli non cercherà allora di spezzare per sempre i legami che lo costringono a un universo di dolore; egli rimarrà unito all'essere caro lasciato sulla terra se questi sarà diventato una parte di lui stesso. Più la tentazione è d'ordine spirituale, più è grande*.

Gli amanti separati dalla morte debbono, per non perdersi, sostenere, nei diversi mondi, un duplice combattimento. La confusa previsione del pericolo della dimenticanza ha spesso spinto gli amanti a morire insieme, nel quale caso possono godere perfettamente della loro creazione. Si può poi dire che tanto più si inalzano quanto più ricordano che non si tratta di una altezza spaziale. Il più intelligente, o quello che possiede maggior copia d'amore, avendo più chiara vista, dissipa per l'altro le tenebre. La solitudine è vinta e, secondo il mutuo equilibrio dei loro desideri terrestri, trionferanno forse della reincarnazione.

Tuttavia la morte in comune è rara e il mezzo del suicidio di quello che rimane è irto d'incertezze e di pericoli. Per quelli che s'amano è più saggio abituarsi, finché sono insieme, a una fedeltà capace di superare la soglia della morte. Con l'abitudine questo pensiero si fortificherà, diventerà così inerente all'anima che non sarà più possibile imaginare felicità spirituale se non condivisa. La catena che unisce gli amanti si fa vivente, è simile a un fiume luminoso che, dall'uno all'altro, fa fluire l'acqua divina dello spirito.

Una simile comunicazione resiste agli anni e non è interrotta dalla morte, ond'è che, quando quelli che anche per molto tempo sono stati divisi si ritrovano alfine, si vedono e s'abbracciano nella parvenza dei loro giorni più belli, del più bel tempo del loro amore, perchè si ritrovano dove il pensiero creatore è realtà. Con la potenza del ricordo, re-

---

* Una comunicazione spiritica raccolta nell'interessante opera del CORNILLIER, *La Sopravvivenza dell'anima*, conferma quanto dico. Si tratta di uno spirito d'ordine superiore che non riconosce più nessuna delle persone alle quali fu, durante la vita, molto legato.

ciprocamente, creano la loro imagine e grandissimo diletto traggono dalla presenza dell'adorata forma, tanto più reale in quanto imaginata.

Capitolo XVII
L'Intimo Soffio della Verità

Ringrazio l'ordine delle cose e la legge distributrice che all'uno dà il naso ridicolo e all'altro l'esuberanza fisica, d'avermi concesso la conoscenza della morte, ringrazio questa legge avara d'essere stata per una volta generosa, dandomi non soltanto la conoscenza della morte, ma anche l'intima certezza della verità, perchè molti vi sono che sanno, che gravemente espongono la loro scienza e che, tuttavia, non ne traggono alcuna gioia, perchè nell'intimo di loro stessi non credono. Ringrazio la legge distributrice per la quale alcune anime sono piagate dall'ulcera del dubbio, d'avermi fatto credere a quello che so.

Spesso, leggendo i libri d'uomini che hanno trattato di quello che avviene dopo la morte, e che l'hanno fatto con minuzia di particolari, ho riso della loro pretesa, o, a seconda del mio umore, mi sono indignato, perchè non comprovavano affatto le loro affermazioni; ed ecco che ora io sono tentato di fare altrettanto. Ma quali prove posso io dare agli altri diverse da quelle che ho date a me stesso?

Ho sentito raccontare che, or non è molto, viveva nell'India un giudice, un vecchio giudice posseduto dal senso della giustizia il quale, dopo lunghe meditazioni sulla verità e sulla falsità delle testimonianze, riconosceva, per un senso particolare, quello che era vero e quello che era falso. Il suo senso particolare doveva basarsi su le espressioni del viso e sulle intonazioni della voce.

Non so se sono troppo orgoglioso confrontandomi con quel giudice. A un certo momento della mia vita ho avuto la percezione che un nuovo senso apparisse in me e si sviluppasse con sensibile progresso. Il senso nuovo si manifestava con una leggera sofferenza quando, nel corso di una conversazione o della lettura di un libro relativo al soggetto che più di tutti mi interessava, mi trovavo di fronte a una idea contraria alla verità.

Come il giudice indiano, ho meditato sulle descrizioni della vita futura, sulle fantasie dei chiaroveggenti, sulle affermazioni degli spiritisti
e spesso ho provato la piccola sofferenza intima e ho notato che era
proporzionata, non alla grandezza della menzogna, ma alla volontà di
mentire posseduta dall'annunciatore della menzogna. L'errore puro, l'inverosimile errore commesso per ignoranza, o per stupidaggine, invece
di procurarmi una sofferenza, mi provocava un riso sereno, l'allegrezza
suscitata dall'alterazione comica.

Ho ascoltato un consiglio formulato senza parole e sono stato ricom-
pensato della mia attenzione: ho imparato con certezza la parte di verità esistente nelle antiche tradizioni, ho saputo in quale misura si deve
prestare fede alle stravaganti imaginazioni dei veggenti, che hanno
preteso di conversare direttamente con Dio. Ogni uomo, senz'altro, potrebbe sviluppare come me il senso intimo e forse questo è un modesto
principio di comunicazione con quello che si è convenuto di chiamare
Dio. Ringrazio la legge distributrice che concede a gli uni il piacere del
tatto o del gusto, che orna gli altri delle delicate antenne della simpatia, d'avermi concesso una piccola parte di discernimento nel dominio
delle cose nascoste.

Non invidio i veggenti, che, con la loro veggenza, hanno maravigliato
il mondo, perchè, secondo me, hanno veduto troppo. La menzogna ha
sempre un punto debole che la tradisce, e la pura imaginazione finisce per
scoppiare come una bolla di sapone che abbia riflesse troppe iridescenze.

Le rivelazioni degli antichi Veda sono interrotte da troppe domande d'offerte da parte dei Brahmani autori di quelle rivelazioni; le visioni dei santi cattolici rappresentano Dio esclusivamente circondato
da santi cattolici, il che impallidisce molto la visione. Leggendo i libri
dove sono raccolte delle comunicazioni fatte con tutti i controlli de-
siderabili, mi sono sentito, a più riprese, colmo di maraviglia, spesso
però, inciampavo in qualche pietra, che mi faceva cadere dall'alto della
mia credulità. Successivamente, ho letto due opere nelle quali la vita
degli uomini nell'ai di là era descritta, secondo la loro buona o cattiva
natura, in modo quasi uguale. La concordanza testimoniava in favore
della sincerità dei due esperimentatori spiritisti, mi sorprese però che

tutti e due assegnassero un posto particolarmente felice ed elevato ai soldati morti per la patria. Non credo che nell'ai di là si assegnino delle ricompense analoghe ai nostri titoli e alle nostre decorazioni e penso che chi muore nella violenza uccidendo i propri simili, sia pure per la patria, debba subire il contraccolpo sempre doloroso della violenza. Il mio stupore si dissipò quando seppi che gli autori di quei due sinceri, e in certa misura, scientifici lavori erano entrambi colonnelli, uno dell'esercito francese, l'altro dell'esercito inglese.

«M'è stato concesso di stare con gli Angioli e di intrattenermi con loro come da uomo a uomo, e ciò da tredici anni», dice lo Swedenborg.

Ho fortemente invidiato lo Swedenborg, e ho invidiato anche il teosofo Leadbeater e l'antroposofo Rodolfo Steiner, i quali sono andati molto lontano nell'affermazione di una chiaroveggenza quasi miracolosa. Lo Swedenborg ha minutamente descritto gli inferni, che egli pone sotto le montagne e ha notato che i loro ingressi «spesso spaziosi, erano quasi tutti disuguali». Vi ha visto delle risse, dei furti e parecchi luoghi di piacere*.

Il Leadbeater dipinge l'ai di là come una specie di imitazione del mondo terrestre: vi sono librerie ed altri negozi, e giacché poche persone hanno, come lui, la possibilità di trasportarcisi, egli, quando vi passeggia, è riconosciuto, perchè la sua persona vi è familiare. Lo circondano e gli domandano notizie della terra.

Lo Steiner ha potuto seguire l'uomo dopo la morte nel suo sestuplo viaggio attraverso i pianeti†; ha potuto risalire il corso del tempo, assistere alla creazione dei mondi, vedere gli spazi quando ancora non era nata la terra, e quando il sole era una massa informe. L'ho seguito appassionatamente, ma, a un certo punto, ho esclamato: «Questo è troppo! Come ha potuto costui vedere tanto lontano e dove ha potuto trovare questo potere quasi divino?». A queste legittime domande, che ogni uomo di buon senso ha dovuto per forza porgli, e che forse si è poste lui stesso, egli non risponde mai ed anche nel suo ultimo libro di

---

* SWEDENBORG, Del cielo e delle sue maraviglie e dell'inferno, secondo quello che è stato visto e udito.

† RODOLFO STEINER, *La vita dopo la morte.*

memorie, già pubblicato, dove, molto fugacemente, ricorda i suoi doni di chiaroveggenza, non pensa nemmeno di spiegare come li ha avuti.

Gli è che i chiaroveggenti sono presi da una specie di ebrietà della chiaroveggenza che si confonde con l'imaginazione, e che sono trasportati dalla tentazione creata dal loro desiderio di vedere quello che gli altri non sono riusciti a vedere; dipingono quindi con vivaci colori le finzioni della loro accesa fantasia, e, molto sicuri, navigano in un ideale sogno che è vero soltanto per loro. Quando essi hanno raggiunto un certo grado, non sono più ostacolati da nulla: il bene e il male appaiono loro come due piani ben circoscritti, separati da un fiume corrusco come una spada; a destra tutto è puro e bianco, a sinistra si stendono le ombre del male. Nella ingenua concezione di un bene che, rigorosamente, è il loro bene personale, di un male che è ciò che è male ai loro occhi, si nasconde la pietra di paragone della loro verità e del loro sogno.

Oh, avrei voluto anch'io trattenermi per tredici anni con gli Angioli come lo Swedenborg! Anche un solo Angiolo custode mi sarebbe bastato. Avrei voluto che la mia persona fosse nota nell'ai di là, che mi si chiamasse, che mi si interrogasse come è accaduto al Leadbeater e, come lo Steiner, avrei voluto vedere all'opera le Exusiai, le Dynamis, le Kiriotetes, entità creatrici del futuro destino degli uomini! Tuttavia ringrazio la legge distributrice, che soltanto mi ha dato un intimo soffio, una piccola e modesta guida conforme alla mia ragione.

Ascoltando la parola silenziosa della mia guida, ho potuto trasmettere un messaggio riguardante la morte.

Capitolo XVIII
La Bilancia, il Mostro e il Ponte

I morti debbono essere pesati su una bilancia, debbono attraversare un ponte, e debbono combattere contro un mostro e forse essere divorati da lui! Che è la bilancia, il ponte e il mostro che si trovano in tutte le primitive credenze e che sono il simbolo di una prova?

«Che l'ombra mia non sia trattenuta» si legge nel **Libro dei Morti**.

L'ombra, per effetto di un giudizio, può essere trattenuta e il giudizio è pronunciato dopo che l'anima è stata pesata su una misteriosa bilancia.

Gli Egiziani rappresentavano il giudizio con una impressionante solennità. Avveniva innanzi ad Osiride, raggiante di luce solare, e quando il morto posava il suo cuore su uno dei piatti della bilancia, Anubis dalla testa di sciacallo metteva sull'altro una statuetta della dea della giustizia, Horus dalla testa di sparviere verificava il peso con occhio sì acuto che ogni inganno era impossibile, Thot dalla testa di ibis, Dio della scrittura e scriba attentissimo, segnava su una tavoletta il risultato della pesatura. E quarantadue giudici, corrispondenti a quarantadue peccati capitali, si pronunciavano in modo inesorabile.

La cerimonia del giudizio è semplificata in altre religioni, ma si trova in tutte. Gli uomini hanno un innato bisogno di essere giudicati e puniti; per loro non è possibile nessuna esistenza senza castigo*. Presso tutti i popoli si giunge alla temibile presenza dei giudici dopo terribili avventure in regioni pestifere e tenebrose. Infelici quelli che hanno dimenti-

---

* Sorprende vedere l'idea del giudizio persistere in un modo puerile anche presso alcuni occultisti moderni. Il Sédir assicura che al momento della morte si è subito presi da due spiriti che ci menano innanzi a un tribunale presieduto da Gesù Cristo, il quale però non è sempre presente. Il Lancelin immagina una forma strana di punizione: gli animali che sono stati sistematicamente tormentati dall'uomo vanno, nel momento della morte, ad aspettarlo alla sua uscita dal piano fisico e si vendicano sul suo corpo astrale.

cato di prendere sotto il braccio il **Libro dei Morti** o che ne ignorano le formule! Si smarriscono attraverso terreni paludosi, dove gravano delle nebbie corrotte, cadono in abissi vorticosi, sono circondati da creature ghignanti. I Messicani uccidevano un cane, perchè accompagnasse e col suo fiuto guidasse il defunto attraverso le acque stagnanti, le morte foreste e le crepuscolari vallate. Presso alcuni popoli dell'Oceania, i quali credevano che il viaggio nell'ai di là fosse faticoso, era preferibile morire nel fiore dell'età per avere le forze necessarie ad affrontarlo e i figli pietosi uccidevano i genitori prima che il loro corpo fosse indebolito.

Dopo le regioni paurose dove, non ostante la resistenza e il fiuto del cane, è facile smarrirsi, si deve attraversare un ponte. Nel Mazdeismo è chiamato Tchinwat e conduce al Paradiso d'Ormuz. I Mussulmani lo chiamano Essirat e dicono che è più tenue di un capello e più tagliente d'una spada affilata. I giusti lo superano di slancio, con la rapidità della folgore, i cattivi scivolano e precipitano in una sapiente e numerosa sovrapposizione di inferni. Gli Indiani d'America avevano imaginato che il ponte fosse fatto di piccoli serpentelli allacciati il cui sibilare dava la vertigine.

Per superare il ponte bisogna combattere con un mostro e, talvolta, con parecchi mostri di così terribile aspetto che la sola loro vista molto spesso basta perchè l'uomo rinunzi all'impresa e ritorni indietro. Talvolta il mostro è una scimmia, talaltra un coccodrillo, oppure una mescolanza di scimmia e di coccodrillo. E' talvolta un cane, spesso un serpente, spesso un Drago: il Cerbero dei Greci.

La grande prova dell'ai di là è il ritrovamento della propria intelligenza smarrita. Dopo il sonno provocato dall'urto della morte, l'uomo si sveglia smarrito: non sa più dove si trova e tutto quello che lo circonda gli sembra tenebroso. Per penetrare le tenebre, egli compie allora quello sforzo che gli è proprio in simili casi, lo sforzo dei sensi verso l'esterno, ma inutilmente, perchè soltanto nell'intimo della sua anima potrà trovare la possibilità di vedere; egli però non lo sa. Allora ha impressione di percorrere interminabili regioni; il timore e alcune vaghe reminiscenze danno a tutto quello che lo circonda l'aspetto di paesaggi paurosi dagli sterminati orizzonti. Talvolta gli sembrerà di percorrere gallerie sotterranee; vedrà erigersi innanzi a lui delle montagne che, con sua grande sorpresa, attraverserà facilmente come una nebbia. Poi i paesaggi, a poco a poco, dilegueranno e saranno sostituiti da un confuso crepuscolo prodotto dal suo pensiero e che sarà tanto più chiaro quanto più egli avrà in sé la sostanza della chiarità. In quella luce, molto indecisa per alcuni, folgorantissima per altri, egli vedrà se stesso, contemplerà lo svolgersi della sua vita, dei suoi pensieri, delle sue azioni e le loro cause e le loro conseguenze, ciò che sa e ciò che è. In questo momento egli metterà il suo cuore sul piatto della bilancia e peserà se stesso. Egli stesso sarà i quarantadue giudici del Tribunale, sarà tutti gli Dei sovrani e il suo sguardo sarà più acuto che se egli avesse la testa di sparviere; scriverà la serie dei suoi errori, o meglio, quelli che crederà siano stati i suoi errori, con maggiore attenzione che se avesse una zampa d'ibis. Sarà chiaroveggente, inesorabile, produrrà da solo la giustizia che dovrà giudicarlo e, nel solenne minuto del giudizio, quasi penetrato da una folgorante luce cosmica, vedrà quali sono stati i suoi rapporti con gli altri uomini e con le creature degli altri regni, vedrà quale e il suo patrimonio d'intelligenza e d'amore, quali sono le scorie della sua vita, quindi, nella misura delle possibilità ricevute e delle quali si sarà più o meno bene servito, si giudicherà con un rigore matematico. E se egli allora non possiede una saggezza superiore che gli permetta, come in una operazione magica, di bruciare i residui della sua esistenza, condannerà se stesso e dalla condanna nascerà il mostro.

Il mostro lo attraverserà col morso dell'idea fissa e avrà dei denti di coccodrillo, delle orecchie d'asino, o un sesso di becco a seconda che sarà il rimorso della crudeltà, dell'ignoranza o della lussuria. Il mostro è l'idea fissa, che divora e che obbliga a ricominciare insistentemente col pensiero le azioni compiute e che non si vorrebbe avere compiute, è l'altra metà della propria vita, il doppio di se stessi, la forza contraria allo spirito. L'uomo combatte a corpo a corpo con lui in una lotta che sarà più o meno lunga, secondo che il mostro tende per avvolgerlo i tentacoli del ricordo, secondo che egli lo trapassa con la spada della conoscenza.

Possiamo farci un idea quasi esatta di questo stato pensando a quello che ci accade nel corso di qualche notte. Improvvisamente ci si sveglia in preda a un rimpianto dimenticato, al ricordo di un'azione compiuta, o che si doveva compiere. Il ricordo si regge su altre due o tre idee accessorie che, riunendosi, formano una catena tenace dalla quale non siamo capaci di uscire. Come un prigioniero andiamo dall'una all'altra di queste idee ossessionanti, alte, irte di difficoltà e la cui presenza cagiona un insopprimibile dolore. Il risveglio a mezzo della notte consente una diminuzione della coscienza, accoglie l'inquietudine, si rifiuta di vederne la fine e somiglia un poco allo stato nel quale ci si trova dopo la morte, quando l'anima, assalita dai rimorsi, non possiede più per difendersi la chiara visione della ragione. Nei due stati si è smarrita la nozione dell'importanza delle cose e la facoltà di confrontare i loro rapporti di grandezza, ma mentre uno finisce con la notte, all'aprirsi delle tende, all'apparire del mattino, l'altro può avere una durata molto più lunga.

Ma chi vede la concatenazione delle cause e degli effetti, comprende le azioni e il loro legittimo posto nella catena della vita, riduce a nulla i rimorsi, e distrugge anche il mostro, dopo averne compresa la natura. E può distruggerlo anche col chiaro sguardo della saggia indifferenza e far sì che si dissolva innanzi a lui come un vano vapore.

Quando la lotta col mostro è finita, tutto nel fluire del tempo finisce, l'uomo deve superare il ponte. Lo supera se è leggero. Il giudizio che prima ha pronunciato non è che la cifra del suo peso. Il ponte separa la regione spirituale dalla regione intermedia, altrimenti detta astrale, nella quale girano circolarmente le correnti terrestri. Soltanto se la sua densità glielo permette, e se il suo nuovo corpo è materiato di solo pensiero, egli sfugge a quelle correnti e può penetrare nel mondo intelligibile.

Come un cammello non può passare per la cruna d'un ago, così l'uomo non può penetrare nel mondo spirituale se non ha, nella sua vita, preparato un corpo capace di sopportarne l'intensità di vibrazione. Quando le sue forze istintive saranno morte per esaurimento, gli rimarrà, secondo la sua intelligenza e il suo amore, un involucro aereo nel quale potrà facilmente superare il simbolico ponte, ma se non possiede quell'involucro, se è dominato dal desiderio di realizzarsi nella carne, andrà dove la sua visione lo chiama e dove le forze lo attirano. La vita spirituale non lo tenta, perchè sarebbe per lui un elemento di dolore e perchè sente che la sua costituzione non potrebbe sopportarla. Con un senso di confusa gioia, quindi, si lascia trasportare dalle correnti della terra, sente la presenza della materia come un calore vivificante e, con tutto il suo ardore, aspira al germe dell'incarnazione.

Capitolo XIX
Importanza dell'Ultimo Pensiero

«Non abbandonare mai la gioia», disse Gotamo Buddho al figlio. La gioia è il segreto del mondo e nella vita l'uomo più forte è il più gioioso. Lo stesso avviene dopo la morte: il morto gioioso affronta senza spavento la prova della bilancia, del mostro e del ponte. La gioia è un fuoco dell'anima che, durante la vita, bisogna vigilare sempre e che deve essere alimentato con sarmenti di pensieri gioiosi. Nell'ora della morte bisogna gettarne una bracciata sul fuoco, perchè il loro chiarore illumini le tenebre nelle quali ci si slancia.

L'ultimo pensiero ha una grande importanza, perchè sussiste nel sonno che segue la morte e, simile ad una freccia di fuoco, guida e fa vedere lo scopo.

Allorché l'uomo sente appressarsi la morte, deve abolire il rimpianto per il mondo delle forme che abbandona, deve concentrarsi sulla saggezza acquisita, adunare in un fastello i sarmenti della conoscenza e accenderli con la gioia; deve essere felice della sua trasformazione e sorridere a tutto quello che non vedrà più. E dovrà dire: Non perderò le persone amate; sarò ancora realmente unito a loro, perchè mi ameranno ancora; li ritroverò con la loro parvenza familiare, perchè fortissimamente li ricorderò. Li trascinerò con me spiritualizzandoli, se sono meno progrediti di me nel cammino verso lo spirito, li seguirò fedelmente, se mi precedono e col loro sforzo mi trascineranno.

All'appressamento della morte, l'uomo deve anticipare prima del sonno che seguirà e fare egli stesso in piena coscienza la cerimonia del giudizio; deve ricapitolare la sua vita dal momento della sua nascita, richiamare, fuori dall'ombra dove riposano, tutte le azioni compiute, quelle che ha giudicate buone e quelle che ha giudicate cattive secondo la sua arbitraria concezione del bene e del male; deve evocare i quarantadue peccati essenziali insieme coi quarantadue Dei giudicanti e, quando tutti saranno adunati intorno a lui, raccogliere la sua volontà, la sua potenza d'evocazione, la sua gioia per compiere l'atto della magia superiore, che è nello stesso tempo un giuoco di prestigio cosmico.

Egli afferrerà una delle quarantadue cattive azioni, la maggiore se sarà possibile, la minore se quella avrà troppo terribile viso, la volgerà, l'esaminerà in tutti i suoi aspetti e scoprirà la radice onde fu prodotta. Risalirà alla sua causa e alla causa della causa, a seconda che glielo permetterà l'imaginazione, si spingerà il più lontano possibile nella ricerca delle cause. Tutto ciò lo condurrà all'origine della sua vita, della vita di suo padre, poi della sua razza. Risalirà fino al nascimento dell'uomo, al primo moto della vita terrestre, alla formazione del sistema solare e, potendo, andrà ancora più lontano e all'origine di tutto vedrà una divina responsabilità. E quando, per avere abbracciato le concezioni dei sistemi solari attraverso il prodigio degli infiniti, considererà la piccolezza della sua cattiva azione e la scarsa importanza che ha nell'economia generale, proverà una sconosciuta allegrezza e riderà della piccola colpa e la giudicherà insignificante quale è. Anche le altre quarantuna cattive azioni perderanno di valore, impiccioliranno fino a non esistere più e anche i giudici, reali soltanto per la realtà di quelle, cadranno istantaneamente e si dissolveranno.

L'uomo dunque, prima di morire, e quando ancora possiede tutta la sua coscienza, deve evocare quello che gli accadrà dopo la morte, quando la coscienza sarà confusa e quando, per la mancanza di un corpo e per l'ignoranza del luogo, egli sarà passivo e stupefatto. Deve prevedere il giudizio, la bilancia e la venuta del mostro, deve giudicarsi e assolversi considerando la sua meschinità e il valore delle immensità sul nulla che egli rappresenta di fronte ad esse. Deve poi giudicarsi e assolversi nella gioia.

Non v'è dubbio: egli sarà in condizioni molto diverse nel momento del vero giudizio quando, risvegliandosi dal sonno postumo, si troverà innanzi al panorama della sua vita. Egli allora dimorerà in un elemento affettivo, opposto al mondo fisico, dove la separazione è minore e dove egli concepirà gli oggetti e le creature come appena staccate da lui. Il ricordo di un atto di distruzione compiuto durante la vita verso una pianta, un animale o un uomo gli sembrerà come compiuto verso se stesso ed è proprio questo ampliamento dell'egoismo, che facilita la nascita dei rimorsi e che dona loro una forza divoratrice.

Però se egli, mentre ancora viveva, ha, per così dire, parodiato la terribile cerimonia e se l'ha vestita col colore della gioia, le ha tolto in parte il suo potere di sofferenza. Quando essa nuovamente gli apparirà, avrà perduto del suo carattere serio ed importante, anche se egli non avrà una coscienza sicura. La gioia con la quale una volta la si è rivestita l'avvolge ancora, perchè quella specie di dipintura con la quale la gaiezza ricopre le cose è difficilmente cancellabile e, d'altra parte, può essere ricostituita dal ricordo.

L'imponderabile gioia è d'essenza cosmica e dove essa si trova non può radicarsi il rimorso, tuttavia essa non può, da sola, aprire la porta del mondo spirituale: dona sì lo slancio, ma aderisce tanto al desiderio materiale, quanto al desiderio spirituale. Chi possiede la gioia ed è fortemente attaccato alle forme fisiche, roterà voluttuosamente nel girotondo della terra verso la gioia prodotta dalla generazione.

Anche la gioia deve essere resa pura. Vi sono delle gioie più elevate ed altre meno, come vi sono vini che producono diverse ebbrezze a seconda dell'aristocrazia del loro profumo e del sole che ha maturato la loro crescita. In tutte le gioie essendo come una essenza comune, bisogna arrivare con un metodo sapiente a distinguere quella che è soltanto terrena da quella che favorisce l'accesso nel mondo degli Dei.

L'uomo può superare il ponte, che mena alla vita dello spirito per una totalizzazione del suo essere e per una affinità della sua intima sostanza; nel momento della morte potrà, tutt'al più, favorire il passaggio, avvolgendosi in un rivestimento leggero d'idee pure. Quando le facoltà normali s'indeboliscono e la ragione vacilla, il pensiero dominante della vita prende il sopravvento e trasporta sulle sue ali.

L'uomo deve allora ricordare quale è stato il suo più alto ideale e rappresentarselo con tutta la forza che gli rimane, perchè la morte può sopravvenire bruscamente ed egli può correre il rischio di smarrire la coscienza necessaria. Come un soldato, che non abbia il tempo di indossare l'armatura al momento del combattimento, egli può non essere in grado di radunare le scintillanti idee che lo avrebbero difeso. Egli dunque deve, da molto tempo, essersi esercitato a riassumere le sue idee in una imagine simbolica, in un viso divino, in un segno geometrico che, quasi meccanicamente, vedrà accorrere al primo appello del pensiero. E' veramente peccato che questa imagine ricordi un dolore fisico, sia la rappresentazione di un supplizio. Se il segno è la croce, sia però privo del corpo del Cristo crocefisso, sia una croce semplice e pura come lo spirito che ha rappresentato fin dalle più remote età. Il simbolo può essere anche il viso splendente di Venere Afrodite con gli occhi colore delle acque marine, la corona di rose fiorite e i capelli primaverili, può essere l'ovale del viso che si è amato e che ha riflettuto per noi tutte le bellezze della terra; per essere rigorosamente pratico, sarebbe però meglio che esso ricordasse l'assoluzione data a se stessi, il battesimale perdono dello spirito, ma, qualunque esso sia, deve essere sempre colorato dalla gioia della trasformazione, dalla gioia del mondo nuovo nel quale si sta per entrare.

Geometria simbolica, disegno tracciato con la saggezza di tutta la vita, viso umano dai molti riflessi, viso divino in forma di scudo, dietro di lui l'anima deve uscire dalla spoglia carnale e sotto la sua protezione deve slanciarsi e progredire.

Capitolo XX
Il Senso dell'Incarnazione

La giustizia eguagliatrice sognata dagli uomini non esiste.

Dopo la morte la legge viene applicata con la stessa trascendente assenza di pietà con la quale viene applicata durante la vita, soltanto che l'applicazione è rovesciata. Anche nell'ai di là vi sono degli stupidi e degli egoisti, degli intelligenti e degli affettuosi, ma le possibilità di felicità sono per questi e non per quelli ond'è che, in una certa misura, i primi sono gli ultimi. Le differenze prodotte dalla ricchezza o dalla miseria non esistono più, e se ancora esistono degli appetiti sessuali, il corpo del quale si è rivestiti non ha più il segno del sesso. La trasformazione è la legge essenziale del nuovo mondo, il fenomeno suo più appariscente.

Più gli esseri diventano immateriali, più si trasformano rapidamente; più invece discendono verso la materia, più trovano solidità e assenza di mutamento. Per la facilità di trasformarsi, ho detto che i morti sono più infedeli dei vivi e, d'altra parte, la trasformazione diventa una sorgente infinita di gioia, ma la gioia è percettibile soltanto a un certo grado di sviluppo, perchè il desiderio di rimanere eternamente uguali a se stessi è il segno della mediocrità. Più la trasformazione è rapida e più v'è comunicazione con la natura, partecipazione alle leggi della vita, ma, naturalmente, per provare questa gioia, della quale sulla terra non abbiamo alcuna idea, bisogna spogliarsi di una parte del nostro egoismo e dell'amore per il nostro duro involucro.

La volontà di direzione è la differenza essenziale fra gli esseri dopo la morte. La maggior parte - quasi tutti - sono mossi da un cieco desiderio di chiudersi in una nuova forma terrestre, sono chiamati verso il mondo della condensazione fisica, vogliono essere di nuovo composti con gli elementi dai lenti mutamenti: col liquido sangue, gli atomi della carne, il minerale delle ossa; pochissimi: quelli che nella profondità del loro essere hanno potuto raccogliere il senso del mondo, aspirano alla liberazione dalla materia fisica e alla vibrazione unisona dello spirito.

Le due schiere s'incontrano e se ne vanno, ognuna verso il suo disuguale destino. La grande, unica separazione di quelli che s'amano non avviene nel momento dell'ordinaria morte della quale noi tutti conosciamo le tristezze, avviene nel momento della decisione, che proietta l'uno verso il mondo dello spirito e l'altro verso quello della terra. Irrevocabile separazione! Anche quelli che si amano debbono dunque vegliare con cura, non soltanto a che non si producano nella loro natura troppo grandi mutamenti mentre l'uno ancora vive e l'altro è morto, ma anche di avere presso a poco un uguale sviluppo spirituale per evitare la separazione definitiva che, mentre riconduce uno alla reincarnazione, permette all'altro di sfuggire alla terra.

Quando il panorama dell'ultima sua vita s'è svolto innanzi a lui, l'uomo sceglie, e sceglie in virtù dell'amore determinato nella sua sostanza. Quasi sempre la scelta lo precipita verso quello che ha amato, verso i piaceri ai quali è abituato e poiché per provare quei piaceri sono necessari degli organi fisici, egli aspira a possederli.

Egli prova allora un ardente appetito, una inestinguibile sete, dolorosa come una bruciatura. Non vede più le forme, non percepisce più che il loro doppio muto, la misteriosa forma della loro essenza. S'abbandona, in una vertigine semi-cosciente, alle correnti circolari come il pianeta che le produce e che l'accompagnano nel suo moto. Secondo le attrazioni l'uomo va verso l'ambiente dove fisicamente ha goduto, risponde ai richiami, tutti i legami creati da lui l'attirano, ed egli rotola qua e là condotto dalle sensazioni nate dai suoi desideri. Chi ha amato le foreste è attirato dal magnetismo che sviluppano gli alberi; chi ha vissuto su l'acqua, fluttua sui vapori marini, sale e scende con la schiuma delle onde, langue sulle sabbie delle rive. Le città con le loro folle di umani attraggono formidabilmente. Gli esseri erranti nelle invisibili correnti vedono i comignoli come segni spettrali indicanti che sotto i tetti v'è il carnale calore dei corpi e delle creature l'avvicinamento alle quali produce piacere. I campanili delle chiese non sono per loro imagini di preghiera, sono fantasmi, che nello spazio indicano che lì sotto gli uomini sono raccolti per la gioia collettiva. Si mescolano a tutto quello che vive, turbinano in schiere più dense fra le folle e, simili a mosche, si posano ov'è un po' di sangue, perchè il sangue, quello animale o quello umano, sostanza preparata per la vita, ha un potere ricettivo della creatura, che aspira alla vita e gli dà una soddisfazione confusa, una pregustazione di quanto desidera. Il germe però, l'odore sessuale, l'umida semenza generatrice, sopra tutto quella maschile, possiede maggior forza attrattiva e racchiude il più potente potere di richiamo.

Come molte bestie si dirigono ad una sorgente attraverso immensi deserti, come alcuni uccelli da preda avvertono la presenza d'una carogna giacente ad una enorme distanza, così gli esseri dell'ai di là vanno verso il germe che è loro stato destinato, e che essi trovano in virtù delle loro affinità. Ogni simile va verso il suo simile ed esiste un senso della direzione, che si potrebbe chiamare il senso dell'incarnazione. L'uomo ritrova il suo gruppo e nel gruppo ritrova quelli che nelle vite precedenti ha amato o odiato. Per opera del gruppo è prodotto il germe nel quale egli avrà le migliori facilità di sviluppo, la più grande potenza di gioia. In questo gruppo il germe cadrà nella matrice più materna, dove per nove mesi, egli si preparerà, nelle umide tenebre, a rivedere la luce del sole perduto, modellando con la sostanza del corpo materno il nuovo involucro, che gli permetterà di soddisfare i suoi interiori e urgenti desideri. Lavorerà del suo meglio, scolpendo il capo col suo pensiero, modellando la sua forma secondo l'uso che ne vuole fare e secondo i materiali buoni o cattivi che sono a sua disposizione. La collaboratrice verso la quale egli s'è slanciato, perchè ella lo chiamava, lo aiuterà coi succhi della propria carne e con i fluidi della sua essenza. Egli si preparerà delle incapacità fisiche, risultato della sua negligenza a tessere e a scolpire, delle assenze di virtù morali, risultato della sua ignoranza. E per compiere l'opera imperfetta impiegherà nove mesi.

Però la nascita nel migliore germe non è senza difficoltà: intanto bisogna trovare il germe migliore e per trovarlo bisogna rispondere a una chiamata ed essere attirato dalle creature. Più sulla terra si è amati e più si è chiamati; infelice dunque l'egoista che, volontariamente, si è fatto solitario, infelice anche chi ha lasciato oscurare in sé il senso dell'incarnazione, perchè rischia di non sentire l'appello e perchè può anche accadere che nessuno lo chiami; chi invece sarà stato amante riamato potrà scegliere fra le incarnazioni. In ogni modo però, vi è un periodo di ricerca, di attesa semi-cosciente.

Esistono morti ciechi e sordi, e ne esistono dei chiaroveggenti e dall'udito delicatissimo; vi sono sopra tutto dei morti che grandemente desiderano la materia. Il morto di natura volgare e che si è lasciato dominare da una passione fisica può abbandonare la sua via e precipitarsi in qualunque germe inferiore dove potrà più presto soddisfare la sua passione.

E' cosa saggia sviluppare durante la vita, nella misura possibile, il senso dell'incarnazione. Chi possiede molto amore, possiede maggior facilità d'incarnarsi; più innanzi però vedremo che la ricchezza d'amore è anche una condizione per sfuggire all'incarnazione. La capacità d'amore e la somma di conoscenza stabiliscono la gerarchia degli esseri e gli ultimi sulla terra diventano i primi se sono ricchi d'intelligenza e di amore, gli ultimi sulla terra restano gli ultimi se sono ignoranti ed egoisti. In realtà però, non vi sono né primi, né ultimi: da una parte vi sono i ciechi e gli incoscienti, dall'altra vi sono i coscienti e quelli che dalla comprensione delle cose sono resi giocondi. L'affettivo si trova in un ambiente dove la comunicazione dall'uno all'altro è più facile che nel mondo fisico e dove anche la sua sola dilatazione gli procura gioia; l'intelligente che trae ogni sua gioia dall'intelligenza intravede un dominio senza fine per la vita del suo pensiero; e l'uno e l'altro, per le loro qualità, sono spinti verso un germe della loro razza e del loro gruppo dove, se si concede che possano esserci delle buone condizioni per ritornare alla cattività della terra, si incarneranno nelle migliori condizioni.

Capitolo XXI
La Minaccia dell'Animalità

Gli uomini nel loro grande orgoglio si sono sempre opposti all'idea che un uomo, con le sue facoltà sublimi, possa reincarnarsi, sia pure accidentalmente, in un corpo animale. I filosofi moderni: quelli che credono alla reincarnazione, per dare soddisfazione a questo orgoglio, hanno decretato che fra i due regni vi è una separazione assoluta e hanno considerato come volgare superstizione una opinione condivisa da Buddho, da Pitagora, da Platone e da Plotino, cioè dagli spiriti sommi dell'umanità.

V'è possibilità di incarnazione in un corpo animale quando la somma dei desideri nella coscienza dell'uomo corrisponde più ai desideri di una coscienza animale che di una coscienza umana. Non esiste, fra le forme mutevoli della vita, una separazione impermeabile e ciascuno assume la forma che meglio corrisponde alla totalizzazione dei suoi atti e dei suoi pensieri in una tendenza. Una tendenza alla ferocia si esprimerà meglio in un animale feroce, un piacere smodato per la corsa in qualche animale agile, che trascorre il suo tempo correndo. Alcuni uomini non posseggono nessuna facoltà sublime, non posseggono nemmeno il desiderio di servirsi della loro possibilità di pensare. Sforzarsi nel dominio del pensiero è per certuni un'orribile possibilità*. Tendenze puramente affettive e spinte all'eccesso si realizzeranno meglio, per esempio, in un cane che in un uomo.

Una passione insoddisfatta può eccezionalmente fare retrocedere l'uomo verso l'animale per la fretta del soddisfacimento; la caduta è allora più profonda dell'ordinario ritorno nel regno umano al quale la maggioranza degli uomini si condanna con una gioia ineffabile di vivere.

---

* Un amico mio, or non è molto, innanzi a una biblioteca, mi disse: Quale castigo per me, se fossi obbligato a leggere quei libri!

Buddho ha insegnato che si può cadere anche da una più alta regione, perchè il desiderio è sovrano, e anche quando s'è superato lo stadio umano e s'è raggiunto quello degli Dei, il richiamo del desiderio, il suo immediato bisogno d'essere soddisfatto, riconduce, in certi casi, al regno animale. Per questo egli predicava come unica saggezza, come chiave sovrana del mondo, l'annientamento totale del desiderio.

Ogni uomo, anche se ha raggiunto un certo grado di saggezza, ha provato il carattere tirannico del desiderio, che vuole essere soddisfatto in modo immediato. Quanti sacrifici si compiono nella vita per ottenere una subita realizzazione! Il fascino del corpo è una potenza imperiosa; spinta da questo fascino, un'anima volgare che non ha vivificato la sua intelligenza, che ha soltanto dei desideri fisici da realizzare, si slancia talvolta in un germe animale dove lo sviluppo è più rapido e dove, per conseguenza, gli istinti sono più presto soddisfatti. Tuttavia questa è una eccezione.

Se ci interessassimo alle specie animali con maggiore trepidazione fraterna, spesso scopriremmo i segni che li fanno nostri parenti. Alcuni chiaroveggenti, o meglio, alcune persone dotate di un udito acutissimo pretendono d'avere sentito dei richiami, dei gridi di rimprovero rivolti dagli animali ai loro obliosi fratelli. Una osservazione attenta degli animali permette di ritrovare anche in loro dei moti d'intelligenza, che superano la capacità dei loro organi e le possibilità del loro regno: sopra tutto negli animali selvaggi esistono delle facoltà, in certa misura, umane. E d'altra parte, ogni movimento genera il suo contrario: se esiste uno slancio verso lo spirituale, esiste anche la retrocessione, lo slancio verso il materiale. Non v'è uomo che non abbia sentito in sé, in alcune ore, lo slancio retrogrado, perchè l'aspirazione animale è nascosta in noi e si sveglia alla suggestione di alcuni desideri. Sotto i morsi della fame l'uomo è totalmente dominato da un istinto di assorbimento di nutrimento, l'appetito sessuale lo trasforma, anche se ha raggiunto un certo grado di ragionevolezza, in una bestia unicamente desiderosa di manifestare la sua qualità di maschio o di femmina. L'imitazione degli animali ha un gran posto nella vita degli uomini e anche i più colti vi si dedicano non senza un certo orgoglio. Lo sport, che tanto sviluppo ha raggiunto presso di noi occidentali, è una forma di questa imitazione; i modelli animali però non sono mai raggiunti: nessun corridore supera le distanze con la rapidità del cavallo, e i migliori nuotatori che sono al confronto dei pesci? e sui loro apparecchi imperfetti quali aviatori potrebbero uguagliare gli uccelli?

Lo stesso accade per lo sforzo generatore. L'uomo che, imitando la fecondità degli animali, ha molti figli imprime alle sue tendenze un movimento retrogrado, perchè, nella scala delle specie, gli inferiori sono i più prolifici, il suo merito quindi non è che egoismo aggravato da un desiderio di moltiplicità.

La forza retrograda è in noi e noi, a nostra insaputa, la subiamo: ci spinge a camminare su quattro zampe, a sorbire per bere, ad arrampicarci sugli alberi per divertirci. Può anche accadere che un uomo si lasci dominare da un particolare istinto animale il quale, sotto l'aspetto del piacere, assume la forma d'un ideale. Se quest'uomo, per sua sfortuna, muore in un momento di soddisfazione del suo istinto, quando, per realizzarlo, impiega tutte le sue forze, porterà con sé anche attraverso la morte il suo ideale come unica lampada conduttrice e, nell'ora della sua nuova incarnazione, acciecato dall'istinto animale, sarà attirato per forza verso la creatura e i cui organi potranno sviluppare al massimo le qualità desiderate, e voluttuosamente si impadronirà di un germe animale dove facilmente si esprimerà l'ideale animale della sua vita d'uomo.

Ma questa caduta avviene di rado ed è di breve durata. Che è mai una vita nell'insieme delle vite per le quali ogni creatura deve passare? L'essere che è stato umano sarà imperiosamente chiamato da quello che ha perduto; egli è abituato a esprimersi con la parola e il desiderio di esprimersi con parole diventerà il suo desiderio dominante, ossessionante, e lo ricondurrà in un corpo d'uomo. La fissità disperata con la quale alcuni animali ci guardano, quando parliamo, è la nostalgia del verbo perduto, perchè il desiderio che precipita la caduta è anche lo strumento della salvezza, perchè le leggi della natura hanno sempre due aspetti. Col desiderio si scende, col desiderio si risale ed è la natura del desiderio che fa salire o scendere.

* * *

Come farò a trovare la giusta misura nella complicazione delle leggi? come riuscirò a non perdermi nel dedalo misterioso del divenire? e, sopra tutto, come potrò sfuggire alla minaccia dell'animalità? Come è vero che ognuno tesse le sue corporali fibre, prepara la qualità del suo sangue e la solidità delle sue ossa nel ventre materno, deve essere anche vero che la forma di ogni uomo conserva una certa somiglianza con la forma della vita precedente, perchè la similitudine del creatore deve generare la similitudine del modello.

Anch'io ho visto con certezza il ricordo delle vite antecedenti inscritto su parecchi visi intorno a me. Ricordo una mia graziosissima amica siffattamente somigliante a un uccellino stordito che istintivamente cercavo con la mano la morbidezza delle piume lungo il suo corpo. Un'altra aveva conservato della famiglia dei pavoni dalla quale era discesa l'abitudine di mettere in vista la sua bellezza per sedurre con la ricchezza del dono. Quante persone esitanti hanno ricevuto il loro timore e la loro facoltà pecorina d'imitazione dai montoni! E quanti nella forma della loro testa ricordano il lupo, il porco o la volpe! E non hanno alcuni conservato da una loro antica vita di gallo un piacere incondizionato per la poligamia, un pretensioso bisogno di dominazione femminile? Su alcuni l'elemento acquatico esercita una invincibile attrazione e altri, quando vedono degli alberi, provano subito il desiderio di arrampicarsi.

Sento agitarsi in me tutti gli istinti animali e temo che uno di essi, con la potenza di qualche ricordo, s'impadronisca di me. Mi accade di risentire, non come una speranza, ma come una reminiscenza, la voluttà di strisciare sotto le scaglie a guisa di un serpente, di chiudermi in una casa rotolante a guisa di una chiocciola. Ho galoppato liberamente sulle lande con i cavalli selvaggi; mi sono rotolato nel fango, felice d'insudiciarmi il pelo, quando appartenevo a una famiglia di cinghiali; cane melanconico, ho abbaiato alla luna nelle notti d'autunno; allodola priva di ragione, mi sono inalzato nelle prime luci del giorno per contare le gocce di rugiada che mi bagnavano il becco; nei cortili ho aspirato alla libertà; libero, ho guardato con ammirazione, al limite dei boschi, la misteriosa figura dell'uomo; sciacallo, ho disotterrato i morti; giraffa, sono stato aristocratico. E ho trascorso delle intere vite a compiere delle ridicolaggini quando ero scimmia. Sono stato colpito dalle frecce, sono caduto nelle trappole e, ferito, sono stato abbandonato dal mio gregge. Ho avuto fame, ho avuto sete e le mie principali preoccupazioni sono state la ricerca del nutrimento e l'inseguimento delle femmine; le gioie mie maggiori sono state il tepore del nido o della tana, le carezze del becco o la vicinanza del muso. E sempre, quando vedevo la mia imagine nell'acqua, sono stato spaventato dal mio laido aspetto.

Dio mio, quanto tutte queste vite somigliavano alla vita umana! Mio Dio, come è piccolo il mio progresso e come sarei insensato se ne traessi cagione d'orgoglio! Dio mio, difendimi dall'animalità che ho in me!

Capitolo XXII
Possibilità di Scegliersi la Prossima Incarnazione

Per un mistero strano, che si avvicina a quello della giustizia e dell'ingiustizia, l'uomo si incarna in un corpo piuttosto che in un altro. Poiché è più piacevole essere bello che brutto, più comodo nascere in un ambiente ricco che in un ambiente povero, tutti gli uomini, se fossero liberi di scegliere, nascerebbero belli e ricchi. In quale misura si possiede la prodigiosa facoltà di scegliere e quali sono le leggi che governano le correnti della forma in via di costituzione?

Su queste leggi la natura ha gettato il più ermetico suo velo ed esse sono così complesse che è difficile riconoscere la propria via nel loro incrociarsi. Tuttavia appare che se, in una certa misura, vi è una facoltà di scelta felice, è riserbata ai più intelligenti e a quelli che hanno sviluppato un potere d'amore.

L'uomo continuamente genera delle cause e degli effetti, soltanto che non sempre riconosce gli effetti da lui generati. Alcuni lo sorprendono, perchè l'anima sua, nel momento della caduta nella nascita, era obliosa, ma anche se la benefica dimenticanza lo liberasse soltanto per breve tempo dalle sue miserabili ossessioni, dai suoi odi e dai suoi amori, ugualmente egli non comprenderebbe la complessa trama delle cause e degli effetti. Molti dolori, che ci colpiscono, sono prodotti dalla nostra stessa stupidaggine durante la giovinezza, tuttavia malediciamo ugualmente il destino, che non c'entra affatto; nel corso di pochi anni una causa produce i suoi effetti sotto i nostri occhi, ma noi non ne comprendiamo nulla. Il discernimento è poi talvolta impossibile, perchè vi sono degli effetti che si estendono da una vita all'altra; vi sono poi anche delle cause che sembrano non produrre alcun effetto, soltanto perchè a nostra insaputa abbiamo, con un'intima reazione, annullati i suoi effetti. Ciò che la filosofia indiana ha chiamato Karma è meno rigoroso di quanto si creda. Il nostro Karma si esercita in noi, nelle nostre tendenze; noi dunque, per conseguenza, possiamo modificarlo e anche annientarlo. Il pentimento è una forma indiretta, più lenta che se fosse diretta, cioè cosciente, di annientamento del Karma.

Nel mondo della vita fisica si generano sopra tutto le cause inferiori, le cause fisiche, che hanno effetti della stessa natura, il mondo nel quale si vive dopo la morte è il mondo delle cause superiori, le quali possono essere generate soltanto da chi ha raggiunto un certo sviluppo e ritrovato la sua piena coscienza.

La legge comune, che vale per la maggioranza, fa sì che un uomo s'incarni in un germe di uomo, ma perchè deve uno subire le tare e le malattie dei suoi genitori, e l'altro invece godere dei loro pregi? Perchè uno nasce zoppo e perchè l'altro può avere dei lunghi capelli e un corpo slanciato?

Ci si incarna a sciami: come le api, le creature umane formano degli sciami e i casi apparenti della vita sono prodotti dal movimento istintivo delle unità dello sciame che tendono a ritrovarsi per scambiarsi e il bene e il male. Si è legati a un piccolo gruppo dello sciame e, in una certa misura, si fa parte degli esseri prossimi che si sono amati e che ci attirano. Le loro facoltà, i loro gusti, le loro malattie molto spesso le debbono a noi, alle nostre azioni, ai nostri pensieri delle vite anteriori; essi dunque ci rendono, quando entriamo nel loro germe fisico, quello che abbiamo loro dato. Prendiamo l'esempio di una grave malattia: la tubercolosi; l'essere, incarnandosi, la trova nei materiali coi quali formerà il suo corpo, ma in ciò non v'è che uno scambio, perchè egli ritrova quello che gli appartiene; egli ha dato, egli, a sua volta, riceve. Se però ha nutrito in sé un sufficiente desiderio di salute, conserverà la malattia allo stato latente nel suo germe, ma le impedirà di manifestarsi, neutralizzerà insomma col suo sforzo il suo Karma fisico.

Molto spesso accade anche che non si noti alcuna manifestazione di ereditarietà; questo succede quando l'essere si è incarnato in mezzo a sconosciuti e quando, avendo poche affinità con i suoi genitori, ha la possibilità, lavorando intorno al suo corpo nel grembo materno, di respingere i germi di malattie estranee e coi quali non ha nessuna affinità. Per la stessa ragione però non potrà beneficiare del vantaggio dei pregi ereditari.

Chi nelle vite precedenti abbia ardentemente desiderato la bellezza del viso e della forma, metterà il desiderio in opera e avrà molte probabilità di scolpirsi bello; le sue passioni inferiori, anche se numerose e orribili, cercheranno invano di opporsi e di imprimersi sui suoi lineamenti. Il desiderio possiede una forza potente, ragione per cui spesso si vedono persone dotate di una bellezza fisica perfetta alla quale nulla corrisponde della loro imperfetta anima.

Le nostre azioni passate hanno un contraccolpo indiretto sulla creazione della nostra nuova forma, nel momento dell'incarnazione. Il contraccolpo avviene per la stessa nostra opera. Se per esempio faccio coscientemente a qualcuno una ferita fisica, attento a un principio intelligibile di forma, che ha il suo riflesso in me diminuendo la mia forza creatrice.

Platone pensava che esistessero le eterne essenze, i principii spirituali alla contemplazione dei quali l'uomo superiore giungeva dopo la morte e, in qualche caso, anche durante la vita. Un'azione di violenza commessa da noi corrisponde alla deformazione, in noi, di un principio spirituale e questa deformazione si manifesterà nel momento dell'incarnazione come una incapacità a edificare una bella forma. Chi contraria in sé il genio della forma, rimane un mediocre creatore; così, secondo la nostra concezione, e in una certa misura, si manifesta una tal quale giustizia.

Soltanto che essa è molto lenta e che non ha né l'aspetto, né le qualità che idealmente attribuiamo alla giustizia immanente.

Non colpisce esteriormente il colpevole, scaturisce dall'intimo del suo cuore, modificandone le capacità. Quello che noi chiamiamo rimorso e che può essere considerato come una forma di castigo, genera nell'animo, col suo lavoro oscuro e temibile, le qualità contrarie all'azione che ci duole d'avere commessa. L'essere trasformato dai rimorsi sente delle nuove affinità e, nel momento dell'incarnazione, ed in virtù delle nuove affinità, è attirato da un ambiente nuovo. Tuttavia, per quanto alte e nobili siano le affinità, per quanto perfetto sia l'ambiente nel quale si è chiamati, in merito ai propri antecedenti, chi potentemente desidera di vivere, può, per ottenere una realizzazione immediata del desiderio, precipitarsi ciecamente nel più volgare ambiente del suo sciame. Non diversamente si comporta il viaggiatore affamato e in cerca di cibo, il quale, per quanto ricco, si siederà all'albergo dei mendicanti e si contenterà di un vino rude, di una cipolla e di un poco di pane.

Se si considera che lo scopo essenziale è quello di ritrovare gli esseri che si sono amati e di nascere in un ambiente che non opprima lo spirito, bisogna vegliare per non avere in sé una simile fame divoratrice. La fame del piacere fisico è il patrimonio di quasi tutti gli uomini e costituisce, al conseguimento di una incarnazione favorevole, un pericolo molto maggiore di tutte le conseguenze delle azioni che generalmente giudichiamo cattive. L'aspetto più temibile del male nell'ai di là è lo smodato piacere per la vita fisica, che vela il senso dell'incarnazione e impedisce di scegliere bene i propri genitori.

Il senso dell'incarnazione può essere anche velato dal nostro desiderio di ritrovare qualcuno che abbiamo amato e che, prima di noi, è caduto in un ambiente inferiore dove il male domina. Nel nostro sforzo di seguirlo rischiamo di scegliere dei germi carichi di tare che non meritiamo e il cui peso sarà poi una sorgente di dolori.

In tal modo noi faremo la più crudele esperienza: quello che abbiamo considerato il meglio, l'affetto cioè per una creatura fraterna, ci farà retrocedere invece di elevarci e noi daremo alla creatura amata una prova d'amore che ella ignorerà sempre e che noi stessi ignoreremo finché, sotto quella forma, saremo rischiarati dalla luce del sole terrestre. Ma la ruota gira, le vite si susseguono numerose e diverse e, per quanto imperfette siano le creature nutrite dal grano dell'infelicità, dal solo fatto d'essere state creature, traggono un qualche vantaggio. L'assoluzione della religione cattolica dopo la confessione è un saggio mezzo che permette agli uomini di morire e di svegliarsi dopo la morte in una desiderabile pace con se stessi, pace che influisce sul senso dell'incarnazione, ma l'assoluzione data da un prete, fosse egli il Papa, agisce soltanto sulle anime mediocri, le quali passano attraverso le correnti intermedie in uno stato di semi-coscienza, contente di quella indeterminata soddisfazione di loro stesse ricevuta col magico segno del prete.

Ma le anime elevate, quando riacquistano la loro piena coscienza, sono obbligate a esaminare l'assoluzione data dall'uomo in nome di Dio, perchè essi sanno che non v'è altro giudizio da quello pronunciato innanzi al proprio tribunale, che non v'è altra assoluzione da quella che ci si dà da soli e che la saggezza divina è siffatta da produrre soltanto illusori perdoni in attesa dell'unico e vero perdono: quello che è generato dallo spirito e che dallo spirito sboccia come un fiore da un arbusto.

E' cosa prudente non avere un'anima troppo severa per non giudicarsi troppo severamente. Sull'arbusto che deve fiorire non bisogna versare sostanze corrosive, perchè gli scrupoli che divorano, i pregiudizi che distruggono persistono anche dopo la morte e contrastano in larga misura il perdono che è tanto necessario accordarsi.

Felice chi, per una libera visione delle cose e per un superamento armonioso delle barriere umane, giunge alla conoscenza delle cause supreme, conoscenza per la quale l'errore umano perde ogni valore! Felice chi gioiosamente s'assolve e, nella leggerezza del perdono, salpa verso la più favorevole incarnazione!

Capitolo XXIII
Alcuni Mezzi per Discernere Le Proprie Vite Anteriori

Perchè non le ricordano, molte persone non credono alle vite anteriori, altre invece ci credono, ma rimpiangono amaramente di non averne conservata memoria. Tuttavia la spietata legge della natura non ha fatto all'uomo più prezioso dono della dimenticanza del passato. Allorché le anime entrano nella prigione della carne vivente, bevono l'onda divina del fiume che gli antichi chiamavano Lete e del quale, più dotti di noi, riconoscevano il beneficio.

Al grado del nostro sviluppo, dominati ancora come siamo dal principio dell'odio, non penseremmo che a soddisfare rancori, compiere vendette, senza tener conto del cambiamento subito dagli altri esseri fra due esistenze e del nostro mutamento stesso. L'esperienza che ci procurerebbe la conoscenza degli antichi errori sarebbe tristemente compensata dagli errori maggiori che la stessa conoscenza ci farebbe commettere.

Quando lo spirito si inalza nella gerarchia spirituale, acquista una maggiore possibilità di vedere il suo passato svolgersi sotto i suoi occhi; ognuno dunque ha i ricordi che si merita, o meglio, quelli che può sopportare. Tempo verrà, ora però è molto lontano, che l'uomo avrà il privilegio di ritrovare nella sua coscienza il ricordo di tutte le sue vite, ma forse egli si servirà di quel privilegio con molta precauzione, perchè allora avrà compreso quale segreta delizia racchiudessero le acque del Lete e quanto fosse dolce non sapere.

Tuttavia, anche sotto lo spesso velame che copre il nostro pensiero, abbiamo qualche possibilità di vedere disegnarsi nella bruma i fantasmi delle ultime nostre vite.

L'indicazione più certa è quella che viene dai nostri impulsi istintivi, dalle oscure inclinazioni che ci spingono verso certi esseri a preferenza di certi altri. Cosa saggia è esaminare con molta cura queste indicazioni, perchè tutta la nostra esistenza è subordinata all'incontro di un piccolo numero di individui, che avranno una certa importanza nella nostra vita, sia per aiutarla, sia per ostacolarla, sia per renderci felici, sia per farci soffrire.

Spesso ho rimpianto di non essere uno scienziato versato nella conoscenza delle leggi meccaniche e nella scienza sottile delle onde e delle correnti, perchè avrei impiegato ogni mio sforzo all'invenzione di un apparecchio più utile del motore a scoppio o del telefono. Questo apparecchio, di una estrema delicatezza, avrebbe permesso all'uomo di sapere in quale punto del mondo si trova l'essere di sesso differente col quale egli ha delle affinità e che ricambierebbe il suo amore. L'apparecchio avrebbe avuto anche un mappamondo sul quale un punto, o parecchi punti luminosi avrebbero indicato il luogo dove sarebbe necessario andare per fare il desiderato incontro. Forse qualche inventore ha pensato come me all'invenzione di questa macchina rivelatrice della simpatia, ma è stato arrestato dalle difficoltà dell'esecuzione.

Con una osservazione attenta si può giungere a una utile conoscenza del giuoco delle affinità.

Ognuno può constatare che nei primi anni della propria giovinezza si scoprono con molta rapidità tutte le persone, buone o cattive, che avranno una certa importanza nella nostra esistenza. Sembra che la sorte abbia voluto che ognuno di noi faccia una specie di ricapitolazione di tutte le ricchezze d'affetto che gli riserva lo sciame umano nel quale, più o meno coscientemente, si è messo. Tutte le persone scoperte nel primo slancio per conoscere la vita sono le antiche conoscenze dell'anteriore esistenza. Naturalmente si creano nuovi legami, ma i più importanti sono misteriosamente legati al principio della giovinezza; le nuove relazioni fatte durante l'età matura, per esempio, possono essere anche quelle, ma soltanto a titolo d'eccezione, relazioni della vita precedente.

Avvicinando le tendenze essenziali dei diversi individui, che hanno una qualche importanza nella nostra vita e sembrano averne avuta una anche in quella precedente, si ha la nozione di un particolare gruppo. Bisogna allora tentare di associare il gruppo a quello che siamo noi stessi, poi, aiutandoci con la reminiscenza, con una particolare preferenza sentita per una determinata epoca, o con la reminiscenza e la preferenza rivelate dagli individui del gruppo, si può giungere a precisare il tempo e il luogo dove lo sciame si è incarnato anteriormente. Servendosi poi di ricostruzioni, e con l'analisi delle tendenze trasformatesi in caratteri, si può giungere anche più lontano, fino alla scoperta di alcuni stati passati di amore o di odio. Ma l'imaginazione e la fantasia poetica rischiano di avere troppa parte in questo genere di ricerche.

I metodi d'introspezione prolungata danno dei deboli risultati; si potrebbe ottenere di più provocando degli stati di sonnambulismo. A. de Rochas ha raccolte le sue esperienze in un volume molto probante. I soggetti, sotto l'influenza di un sonno ipnotico, risalgono il corso del tempo: balbettano e parlano un linguaggio infantile, quando giungono alla loro prima infanzia, si raccolgono in se stessi, le braccia aderenti al corpo, i pugni sugli occhi, quando si reputano essere giunti all'epoca nella quale vivevano nel grembo materno. La loro fisionomia è sempre in rapporto con il personaggio per il quale passano e col momento doloroso o felice che descrivono. Il soggetto fa dei racconti plausibili e ritrova delle esistenze di persone delle quali, talvolta, è stato possibile verificare l'esistenza. Disgraziatamente questi racconti, che spesso si avvicinano alla storia, racchiudono inverosimiglianze ed anacronismi; la loro quantità e le loro concordanze sono però impressionanti. Non bisogna mai conoscere personalmente i medium che ordinariamente servono a questo genere di esperienze. Può darsi che io sia sempre capitato male, ma tutti quelli in presenza dei quali io sono stato, manifestavano, simile ad una atmosfera tangibile, una menzogna cosciente ed organizzata. Bastava qualche gesto di un sincero magnetizzatore, perchè essi fossero con facilità, con troppa facilità, proiettati attraverso una vita lontana e sempre illustre. No, no, diceva allora in me una voce che non sbaglia, quasi tutti i medium uniformano le loro visioni a una religione spiritica della quale ordinariamente sono a conoscenza; obbediscono alla sua rigorosa e limitata morale e vigilano per confermare il castigo degli inferni e le gioie puerili dei suoi paradisi.

Tuttavia, nel libro di A. de Rochas, vi sono molte dichiarazioni fatte da soggetti che sembrano sinceri e delle quali bisogna tener conto. Molti notano che, al momento dell'incarnazione, sono stati trascinati per forza da delle correnti irresistibili e da ciò risulta che, oltre il desiderio latente della vita, una legge cosmica precipita nella forma le sue creature e che quelle che vogliono sfuggire alla forma sono costrette a mettere in opera una forza più potente emanata dalla loro volontà.

Un soggetto di debole sviluppo, in istato di sonnambulismo, risalendo il corso delle sue vite e giungendo alla quarta, dichiarò, non senza una certa vergogna, che era una vita di scimmia dalla quale aveva conservato certe passioni animali. A. de Rochas non prese la cosa sul serio e a stento si trattenne dal ridere, ma una simile dichiarazione non aveva nulla di buffo e avrebbe dovuto costituire per lui un argomento di meditazione.

Questa serie di esperienze è inoltre molto interessante per le indicazioni che dà circa l'intervallo di tempo che separa una vita dall'altra. Platone aveva stabilito, in un modo generale, un intervallo di mille anni, forse però egli pensava alla vita dei filosofi, i soli uomini che, ai suoi occhi, avessero interesse, come del resto a gli occhi di tutti i saggi che, nell'antichità, hanno scrutato questi problemi. Lo storico Crisippo pensava che i soli filosofi avessero una esistenza dopo la morte. I teosofi moderni, che ci hanno dato un'abbondante letteratura sull'ai di là, hanno stabilito, per una intelligenza media, un intervallo di mille e cinquecento anni. E' vero però che sono ritornati su questa opinione e che hanno diminuito l'intervallo tanto imprudentemente stabilito.

Le esperienze di A. de Rochas dimostrano che la legge generale della successione delle vite vuole che si passi dall'una all'altra quasi senza intervallo; bisogna però notare che tutti i soggetti sono persone poco colte, spesso volgari e la prova è data dal fatto che, unanimemente, descrivono un periodo di tenebre dopo la morte e una lotta confusa per riconquistare la luce.

L'intervallo fra due incarnazioni è variabile all'infinito ed è per questa varietà che si hanno tante opinioni diverse. Come nella vita terrestre alcuni muoiono dopo un giorno solo, perchè non hanno un organismo resistente, ed altri dopo novantanni, perchè sono vigorosi, Così anche nella vita che segue la morte, quelli che hanno un povero miserabile corpo spirituale sono subito aspirati dall'incarnazione e quelli che hanno un corpo spirituale vitale trascorrono molti anni prima di incarnarsi. Come sulla terra, la legge è rigorosamente la stessa. L'uomo ricco fra i viventi avidi di speculazioni e di ricchezza è quello che ha maggiori probabilità di diventare più ricco, perchè possiede lo strumento necessario all'accrescimento della ricchezza; nell'ai di là, l'uomo intelligente è quello che ha maggiori probabilità di essere più intelligente, di avere cioè una sorte felice. Il possesso di una facoltà permette di svilupparla. Tutto ciò, nel nostro linguaggio, può essere chiamato indifferentemente giustizia o ingiustizia, meglio è chiamarlo legge.

L'intervallo che separa le vite non dipende tanto dallo sviluppo di un individuo quanto dal desiderio di ritornare alla forma. Consideriamo come esempio un uomo che raduni in sé la più grande quantità d'intellettualità possibile; orbene, la durata del tempo che egli vivrà fra due vite dipenderà dai desideri fisici provati negli ultimi anni della sua vita. Se egli ha emesso un sincero e potente desiderio di non ritornare sulla terra, il desiderio, unito all'ampiezza della sua intelligenza, basterà a impedirgli di reincarnarsi, almeno per una incalcolabile durata di anni; e poiché la facoltà di mutamento è tanto maggiore quanto più il pensiero è attivo, quando egli ricomparirà sulla terra, avrà tendenze sì mutate che nessuno sarà in grado di fare un accostamento con la sua antica personalità. Se invece, invecchiando, ha provato delle forti affezioni, queste lo richiameranno al suo gruppo e tanto più potentemente lo chiameranno quanto più egli sarà legato al gruppo. Un uomo comune, con scarso sviluppo intellettuale, non si modifica affatto fra due vite e ritorna presso a poco uguale a se stesso.

E' un fatto riconosciuto dagli studiosi delle leggi della reincarnazione che l'uomo comune, nascendo, fornisce la caratteristica fisica generale dell'ultima esistenza. Ognuno nel grembo materno costruisce il tipo umano che meglio conosce, e che è il tipo della sua ultima esistenza. Talvolta si vede nascere in Francia e da genitori francesi un bambino di tipo indiano o cinese; inutilmente però si cercherebbe nel passato l'unione di un Indiano o di un Cinese con una antenata. In simili casi il bambino, nella società dove è nato, è spaesato e non possiede per riuscire le qualità pratiche degli altri. In modo generale si può dire che gli Indiani si incarnino fra gli Indiani, i Francesi fra i Francesi, a volte l'attrazione chiama gli esseri sempre nelle stesse famiglie, ma vi è un numero grandissimo di eccezioni. Le anime, come se aspirassero alla varietà delle nuove terre, emigrano e queste emigrazioni hanno le loro avanguardie e i loro ritardatari: le une e gli altri si trovano isolati in mezzo a gruppi sconosciuti.

Le indicazioni che si possono ottenere a sinistra e a destra, dalle persone particolarmente sensibili, sono di un carattere stranamente sconcertante. Non so, per esempio, spiegarmi il fascino esercitato da Maria Stuarda sull'imaginazione delle donne. Ho letto con attenzione la storia di questa regina, che conoscevo male e la mia curiosità non è stata soddisfatta. Molte donne, in una vita passata, sono state Maria Stuarda e, dopo di lei, il maggior suffragio è per Cleopatra. Allorché si tratta di incarnazioni passate, ognuno, e anche i più ragionevoli, scelgono nella storia i personaggi celebri che avrebbero desiderato essere. Oh, straordinario prestigio della regalità sulle anime infantili! Alcuni, i meno insensati, scelgono quelli che si sono distinti col pensiero piuttosto che con la potenza. Gli studiosi della teosofia hanno perduto troppo tempo in questi giuochi puerili e anche i loro dirigenti hanno dato l'esempio di incarnazioni regali. Qualcuno, più modesto, si contenta di essere stato discepolo dei maestri. La modestia, unita all'orgoglio, ha permesso recentemente a una giovane donna di ritrovare in sé la personalità di Giuda Iscariota. Sinceramente ella ha fatto la confessione d'avere ricevuto i trenta denari.

Il sogno, in questo genere di ricerche, può mescolarsi a un poco di realtà, ma quando nasce dalla scelta della simpatia o da quella dell'ammirazione è quasi sempre illusorio*. E' stata questa l'illusione di molte persone ebbre della vanità di ricordare e che hanno supplito alla conoscenza occulta con l'imaginazione.

---

* Il Sozzano in molti lavori interessanti ha riferito degli esempi di reminiscenze di vite passate e nello stesso tempo ha fornito sicurissime prove. Anche nel libro di G. DELANNE, Le prove della reincarnazione, vi sono casi indiscutibili.

Capitolo XXIV
Mezzo per Discernere l'Ultima Vita dal Contorno della Propria Ombra

Si può avere una indicazione vaga e generale intorno al tempo e al paese nel quale s'è svolta la nostra vita precedente servendosi di un metodo mio proprio e che espongo, perchè sinceramente credo corrisponda a una realtà; è, del resto, di facile applicazione e ognuno potrà tentare di metterlo in pratica senza fatica.

Nella mia infanzia sono sempre stato sorpreso dalla grande differenza esistente fra la nostra ombra e quella nostra forma che impariamo a conoscere guardandoci nello specchio. L'infanzia è il solo periodo della vita nel quale si ha la facoltà e l'audacia di maravigliarsi; molte di quelle sorprese e le fanciullesche spiegazioni meriterebbero però d'essere raccolte e utilizzate.

Spesso, nei primi anni della mia vita, mi accadeva di non riconoscermi nella mia ombra e di volgermi indietro per vedere se, per caso, non fosse stata prodotta da un'altra persona; e mi maravigliavo alle bizzarrie di quel doppio oscuro, lo trovavo tanto estraneo a me che, ad ogni istante, m'aspettavo di vederlo staccarsi e allontanarsi per una sua volontà autonoma. Soltanto dopo molto tempo mi sono abituato alla sua multiforme fantasia.

Molte persone hanno riconosciuto che nella nostra ombra si nasconde qualche cosa di misterioso e in intimo rapporto con la nostra vita e la nostra morte. A. De Pouvuorville ha raccontato uno strano procedimento di magia praticato nell'Indo-Cina: il mago che desidera la morte di qualcuno, deve sorprenderlo in pieno sole, in un giorno che la sua ombra si allunghi dietro di lui molto decisa. Allora egli lo guarda bene in viso e con una lancia che, a tale scopo, ha portato con sé, trafigge l'ombra all'altezza del cuore. Da quel momento egli possiede la vita dell'altro e quando leverà la lancia dal suolo l'altro morirà.

In un'opera tibetana intitolata **Lo specchio che fa vedere la morte** è indicato un procedimento per conoscere approssimativamente il tempo della propria morte servendosi dell'ombra*.

In un giorno molto sereno bisogna stare in piedi, con le gambe divaricate e un bastone in mano e guardare attentamente la propria ombra. Quando l'attenzione è estrema si vede, o meglio, si dovrebbe vedere delinearsi nell'ombra un bagliore bianco. Subito bisogna alzare gli occhi al cielo dove, nell'azzurro, si vede profilarsi, come in uno specchio, il contorno della propria persona. Se la visione è tersa, la vita sarà ancora lunga, se velata, la vita sarà breve e non si avrà buona salute, finalmente, se il cielo non riflette imagine alcuna, la morte è molto prossima.

Ho fatto l'esperienza con tutta la sincerità e l'attenzione richiesta, ma la mia ombra è rimasta di un colore uniforme, senza mescolanze di chiarori. La ragione di questo deve essere senz'altro nel fatto che io non posseggo quella fissità dello spirito, che i tibetani chiamano attenzione. Ho rinunciato a vedere la mia ombra nell'azzurro del cielo, tuttavia non penso, come molti fanno, che simile esperienza sia irrealizzabile per il solo fatto che io non sono riuscito a realizzarla.

Credo che nell'ombra esista, per quanto questo possa sembrare assurdo **a priori**, una essenza non analizzabile di noi stessi, la quale essenza ha un rapporto col nostro passato: l'ombra infatti conserva un certo disegno del passato. Meditando sulle vite anteriori nelle quali ho vissuto, sono riuscito ad afferrare il loro legame con l'ombra, che ineluttabilmente trascino dietro di me come le mie anime di un tempo.

L'ombra talvolta ci somiglia, ma non sempre; spesso esprime un altro personaggio, a volte molto più grazioso e simpatico di noi, a volte un essere volgare e caricaturale che disprezzeremmo se non vi trovassimo qualche cosa che ce lo avvicina. L'ombra è più somigliante nelle persone semplici, le quali da una vita all'altra non hanno subito mutamento e che da una vita all'altra non hanno trascorso un grande intervallo di tempo. Un uomo che avesse subito, per un eccesso rapido di sviluppo, una profonda trasformazione da una vita all'altra avrebbe certamente

* La DAVID NEEL riferisce questo procedimento in: *Iniziazione dei Lama.*

un'ombra assolutamente irriconoscibile; questo caso però è raro e in modo generale si può dire che l'uomo somigli alla sua ombra.

Per scoprire qualche caratteristica della propria vita precedente, bisogna ricorrere alla intuizione, senza permetterle, bene inteso, d'abbandonarsi all'invenzione e bisogna agire con l'aiuto di quel punto d'appoggio materiale uscito da noi stessi. Il punto d'appoggio è l'ombra della nostra forma e deve essere utilizzato in una notte di chiaro di luna. La luce della luna più di quella del sole, non sono riuscito a capire perchè, rende l'ombra rivelatrice, sembra darle la facoltà di diventare personale e di esprimere l'antico personaggio scomparso. In seguito a quello che mi è stato possibile dedurre, l'ombra rivela soltanto il personaggio dell'ultima vita.

So senz'altro che le variazioni dell'ombra possono essere spiegate con le leggi della riflessione della luce, ma quello che non si può spiegare è il mistero del contorno, l'essenza di un'altra creatura che, anche se cammina con voi, anche se imita i vostri gesti senza dimenticarne uno, sembra abbia un altro modo di sentire.

Questo strano rivelatore, questo instancabile doppio, ora si impicciolisce fino a diventare nano, ora s'allunga come un gigante; talvolta sembra animato da una sconosciuta cattiveria, talvolta è rassegnato e talvolta è triste di una tristezza che supera la nostra quotidiana tristezza. E non si contenta di esprimere, con un rapporto inspiegabile, quello che siamo stati in una vita precedente, vuole anche esprimere la caratteristica generale del costume. L'ombra di un uomo nudo è meno eloquente dell'ombra di un uomo vestito, perchè il vestito aiuta la rivelazione della personalità passata, fa trasparire le perdute passioni, gli esercizi ai quali ci si è dedicati con un corpo che non esiste più.

L'intuizione ha molta importanza in questa ricerca della vita passata, sarebbe però necessario possedere una profonda conoscenza degli abiti e dei cappelli portati dai popoli antichi. Infatti per molte persone, che ignorano come ci si vestiva al tempo o nei paesi dove hanno precedentemente vissuto, molti aspetti resteranno inspiegabili, perchè l'ombra possiede l'arte di creare con quasi nulla la caratteristica di una razza e di un'epoca. E' dunque bene poter riconoscere questa caratteristica, quando sia indicata. Nel corso degli studi delle ombre ai quali mi sono recentemente dedicato, ho visto dei Greci, degli Arabi e dei guerrieri medioevali. Considerando poi attentamente la mia ombra - su se stessi le esperienze sono sempre più facili - ho avuto la soddisfazione di non scoprirvi nessuna caratteristica di una perduta regalità. Il mio bastone, invece di assumere l'importanza di uno scettro, si allungava sempre in un bastone di evidente rusticità e il mio cappello, invece di trasformarsi in mitra o in corona, diventava un berretto molto comune. Ero seguito da un pastore provenzale, da un uomo semplice, ma il cui passo tradiva, per un certo non so che, una aspirazione alla spiritualità.

Durante queste ricerche, ho creduto riconoscere in un gruppo di persone unite da vincoli d'amicizia della gente che, nell'ultima sua vita, aveva abitato nel Cambodge. Le loro ombre erano ombre di Cambodgiani, un certo amore per quel paese, una concezione dell'esistenza assolutamente opposta a quella dell'occidente e diverse azioni della loro vita sembravano confermare la mia ipotesi, la quale, tuttavia, è prodigiosamente inverificabile.

Anche l'ombra degli animali, in certi casi, rivela il ricordo di una specie diversa dalla loro, ma nella quale possono avere avuto anteriormente il loro posto animale. Ho visto un cane la cui ombra somigliava ad una volpe e un altro la cui ombra somigliava ad un bufalo. Ho pensato che uno sforzo verso l'intelligenza avesse determinato in quegli animali, una volta volpe e bufalo, una trasmigrazione in una specie più evoluta dove il loro sforzo aveva potuto realizzarsi.

Del resto ognuno può fare, su questo argomento, uno studio più profondo e diventare, dopo lunghe passeggiate con gli amici al chiaro di luna, un maestro della interpretazione e della scienza delle ombre.

Capitolo XXV
Il Mondo Spirituale

Come un ramo vegeto che a primavera spunta da un albero e subito mette solide foglie, è nato in me, con un misterioso verdeggiare, il desiderio di non incarnarmi più nella razza dolorosa che cresce e si moltiplica sulla terra. Benché la realizzazione del mio desiderio non sia certa, la penso come possibile. La volontà costante, l'attenta applicazione, o la conoscenza di qualche abile procedimento scoperto da un saggio inventore potranno condurmi all'agognato risultato.

Che l'anima mia sia piena dell'amore degli uomini e illuminata dalla conoscenza delle cose, purché io possa lasciare gli uomini, miei fratelli!

Non tutti gli uomini si reincarnano: quelli che si sono bene giudicati e che, dopo il minuto solenne del giudizio, non si sono inflitto alcun castigo, quelli che, sulle ali della gioia, hanno facilmente superato il ponte che divide un mondo dall'altro, raggiungono il «mondo del sole» degli Indiani, il regno dello spirito, la destra del Padre. Beati costoro e possa io essere del loro numero come la mia speranza me lo promette!

Quanti hanno tentato descrivere lo stato nel quale ci si trova in seno al mondo spirituale, sono stati d'accordo nel riconoscere che è uno stato indescrivibile con le parole e che è quasi impossibile rappresentarsene le gioie e, sopra tutto, le attività. Secondo Platone, i filosofi, che hanno subito la purificazione, vale a dire quelli che, per lui, si trovano al sommo della scala degli esseri, «abitano dimore non facili a descriversi». Socrate, nel **Fedone**, parla di «una residenza pura», ma sul punto di descriverla, dice: «che nell'occasione presente, non ne ha il tempo necessario».

E' un vero peccato, tanto più che egli dice ciò dopo un discorso lungo quanto un volume e che aggiunge - egli parla prima di bere la cicuta - «che è meglio per lui fare un bagno per non dare alle donne l'ingrato compito di lavare un cadavere».

Come sarebbe stato meglio invece che le donne avessero avuto il poco piacevole compito tanto più che era il loro mestiere! Noi avremmo avuto da quel saggio la descrizione del mondo dove egli è certamente andato dopo avere lasciato l'accolita dei suoi discepoli. Forse anche lui ha urtato contro la difficoltà incontrata da tutti i saggi e da tutti i veggenti quando hanno voluto parlare della vita spirituale. Dante, dopo essersi abbondantemente compiaciuto della descrizione dei supplizi infernali, mostra una strana povertà di conoscenza nel momento di dare degli schiarimenti sul Paradiso.

Gli Egiziani parlano di canti, di conversazioni e di giochi; il Veda promette la gioia e la soddisfazione dei desideri.

Nello Swarga, l'altissimo grado di quei celesti soggiorni, sotto la presidenza di Indra, si odono i Gandarva, maravigliosi musici, suonare e si vedono le Apsarase, ideali danzatrici dal corpo luminoso, danzare. I Buddhisti cinesi imaginano piogge di fiori, padiglioni sulle rive dei fiumi, voli di pappagalli dalle belle ali. Nelle Isole Fortunate di Esiodo, si raccolgono i frutti senza lavorare. Nei Campi Elisi di Pindaro, gli esercizi del Ginnasio hanno una grande importanza; in quelli di Vergilio, si suona la lira e, sotto le deliziose ombre, ci si vuole bene. Il Corano promette delle giovani schiave e delle uri «dalla pelle candida come un uovo di struzzo» e Gesù promette un soggiorno di felicità dove, sopra tutto, si godrà della compagnia dei Patriarchi e dei Profeti.

La base di tutti questi paradisi è la realizzazione di desideri umani, i soli che, secondo la più elementare logica, non possono esservi realizzati. Tutti questi paradisi corrispondono a un desiderio di felicità, che soddisfa sopra tutto l'istinto dell'indolenza e un vago amore per i suoni e i profumi. Tuttavia, se questi godimenti non sono realizzati in una realtà simile alla nostra, in una certa misura, lo sono e le promesse dei Paradisi non sono fallaci. L'uomo purificato da un buon giudizio fatto su se stesso, si trova in un universo dove il pensiero è creatore, dove egli crea quello che imagina, vive con i suoi sogni diventati per lui realtà, abita i padiglioni sulle rive dei fiumi, vede danzare le Apsarase e si diletta alla bellezza delle loro danze, si esercita nel Ginnasio, cammina sotto le ombre deliziose, si intrattiene lungamente con i Patriarchi e con i Profeti.

Tuttavia, per quanto lunghi e piacevoli siano i sogni, anche essi finiscono. Anche nella vita ci accade di imaginare, con tutti i dettagli, un avvenimento desiderabile e ricominciamo spesso compiacendoci del fittizio godimento, però non ricominciamo in eterno, perchè arriva un momento che la nostra forza creatrice si esaurisce, e il piacere provato cessa. Nel mondo spirituale la creazione è infinitamente più reale e il godimento è infinitamente più grande, ma viene il momento che anche quello finisce e, come nella vita fisica, ci si trova di fronte alla realtà ambiente. Finisce allora la prima parte della vita dell'uomo nel mondo spirituale. Non tutti gli uomini però vivono questa prima parte di sogni, perchè alcuni sono privi di imaginazione, perchè altri si rifiutano volontariamente di imaginare, perchè non provano piacere al suono della lira, alle piogge di fiori, né alle conversazioni con personaggi eminenti. La loro coscienza è sveglia ed essi si slanciano in avanti senza rispetto e pieni di curiosità.

Il veggente Swedenborg assicura che quando si penetra nel mondo spirituale si è accolti dagli angioli e si distinguono, secondo una gerarchia, tutte le specie delle schiere angeliche. Quel mondo che, per lui, è il soggiorno celeste del Dio cattolico, è la riproduzione più sottile del nostro universo, o meglio, il nostro universo non ne è che una deformazione. Il sole fisico è come una nebulosa oscura e la luna sembra uno spettro di luna.

Per lo Swedenborg, Dio è identificato col sole spirituale, il doppio del sole visibile a noi, e ha il potere di assumere particolari aspetti.

Gli esseri hanno una nozione affatto diversa dello spazio e del tempo e la loro gioia, senza essere precisata, è spesso detta ineffabile. Lo Swedenborg, come tutti i veggenti, s'è abbandonato a una esagerazione della veggenza: ha conversato con gli angeli, coi demoni e molte volte «il Signore stesso gli è apparso sotto forma angelica».

L'esagerazione della veggenza si trova in tutti quelli che hanno preteso di penetrare nel mondo spirituale, tuttavia forse è possibile districarne la parte di verità, servendosi di quello che, in queste inverificabili esplorazioni, si trova di comune e di verosimile. I Buddhisti e, da loro progredienti, i teosofi parlano di comunità, di riunioni di esseri fra di loro aggruppati per i vincoli dell'amore. Il Leadbeater, come molti altri spiritisti, assegna alle comunità delle occupazioni umane, troppo umane. Il Caslant ha riassunto tutte le descrizioni del mondo spirituale fatte da numerosi chiaroveggenti e il suo lavoro, fra tutti, è il più rigoroso e probante. Si è colpiti dalla concordanza delle testimonianze, le quali tutte danno la sensazione di un ambiente dalle vibrazioni intensissime, e per noi sconcertante e dove frequentemente si distingue una dipintura che non deve essere lontana dalla verità. V'è però troppa luce abbagliante, vi sono troppi suoni armoniosi e troppi profumi soavi. Come in tutte le figurazioni del cielo si sente che, se si penetrasse in questo cielo, si sarebbe presi da un accoramento divino sì, ma profondo. Le veggenti debbono tutte conoscere la religione spiritica e aggiungono la sua morale rigorosa ai quadri intravisti. Si ha l'impressione che esse non abbiano potuto fare a meno di aggiungere delle corone, delle distribuzioni di premi e delle aureole brillanti alle pie vergini e ai soldati morti per la Patria.

«Non siamo che una luce ovoidale più o meno colorata, si legge in una comunicazione di un essere che ha raggiunto il mondo spirituale. Riconosco le forme che mi circondano alla loro luce, al loro contorno e al ricordo evocato da loro».

Il Caslant dice con molta ragione: «le anime non hanno una forma particolare e le entità assumono aspetti successivi, via via che raggiungono regioni più elevate: fantasma o vapore nebuloso, luce brillante o capo lucente con uno strascico luminoso simile a quello delle comete, fiamma lanceolata, ovoide radioso, gemme, punti lucenti»*.

Chi, per un dono rarissimo, ha la possibilità di penetrare nel mondo spirituale deve, innanzi tutto, spogliarsi di ogni credenza e di ogni idea preconcetta, perchè egli entra in un mondo dove il pensiero è creatore. Se egli vi cerca la conferma della religione cattolica, come lo Swedenborg, la trova senz'altro e, senza che questo sia per nulla probante, vede delle città, delle case, delle chiese dove cantano i monaci, delle biblioteche dove sono seduti uomini studiosi e conclude che il mondo spirituale

* Quaderni contemporanei, *La vita dopo la morte*. Risposta di E. Caslant.

è la riproduzione esatta del mondo terrestre in una materia più tenue. Egli ha visto realmente le creazioni imaginarie dei morti. La vita di questi sogni ha permesso agli spiritisti tante affermazioni infantili e, sopra tutto, il piacevole quadro di un al di là nel quale chi muore si vede circondato da tutti i parenti e amici morti, sorridenti, tendenti a lui le mani, in un paesaggio simile a quello dove ha vissuto, sotto una dolce luce convenzionale.

Il mondo spirituale è una specie di contrario del mondo fisico, è retto dalle stesse leggi, ma nel loro opposto aspetto. Quando, per la propria natura, si ha la possibilità di vibrarvi all'unisono, si è perduta ogni possibilità di comunicare col mondo fisico. I morti che hanno raggiunto quel mondo, vale a dire quelli che fra i viventi erano i più elevati, non possono ridiscendere, come tante persone credono, per battere dei colpi sulle tavole, o per incorporarsi nella forza fisica dei medium. La legge più sconcertante per noi è la rapidità del mutamento; la materia immobilizza, la condensazione del mondo fisico permette soltanto un mutamento molto lento, che nel mondo spirituale invece è rapido e, mentre tale rapidità ci affligge sulla terra, perchè assume la forma della vecchiezza, è causa di voluttà nel mondo spirituale, voluttà che procede dall'evolversi dell'essere. Gli scambi di pensiero e di affetto avvengono naturalmente con gli altri esseri per le influenze della circostante vita, per la formazione di quelle comunità intraviste da tutti gli scrutatori della vita dello spirito.

Le comunità sono perpetuamente attive, ma di una attività diversa dalla nostra ed estatica. Non si manifesta con movimenti ed è analoga all'attività di un uomo sulla terra che, leggendo un libro, prova una gioia di accrescimento. Nelle comunità, quelli che si sono amati e che si sono ritrovati, mescolando la loro sostanza spirituale, conoscono una gioia in confronto alla quale il corporale spasimo altro non era che una miserabile pregustazione. Nella comunione dei loro fluidi si uniscono assolutamente come avevano presentito, ma ora le forme fisiche non costituiscono più una barriera fra di loro. Secondo il loro sviluppo e il loro potere di espansione, si confondono con le creature della loro comunità con le quali hanno maggiori affinità, e si vedono così cadere anche le separazioni causate dalla gelosia. La loro gioia è tanto maggiore quanto più numerose sono le creature con le quali si confondono. L'intelligenza poi, comunicando con le altre intelligenze e facendo proprie le esperienze di quelle, incessantemente s'accresce.

Gli esseri inferiori, chiusi nel guscio del loro egoismo, passando attraverso la morte, quasi non si trasformano e ritornano verso la terra presso a poco simili a se stessi. Quelli che conoscono il piacere del mutamento ricevono nella vita spirituale un acceleramento di velocità che comunicano a quelli che amano e che trascinano quasi per forza nella vertigine del loro amore.

Tutte le corse però finiscono, tutti gli slanci muoiono in proporzione alla forza generata alla partenza. Chi è entrato nella vita spirituale con smodato amore di se stesso, a un certo momento avverte che sta per smarrirsi nell'unità collettiva della sua falange; allora la sua forza di espansione si arresta, il suo egoismo prende il sopravvento, perchè egli non potrebbe più continuare ad amare senza cessare di essere se stesso. Accanto a lui vi saranno organismi più vigorosi che, non ostante l'azione continua dell'effusione, non perderanno la loro natura. L'essere è ripreso dalla coscienza del suo egoismo e con questa coscienza riappare il desiderio della materia che ne è la conferma. Innanzi al pericolo della dispersione, egli aspira ad incarnarsi: questa è la grande svolta temibile, o sublime.

Capitolo XXVI
Necessità di Diventare Un Dio Con la Metamorfosi

Buddho diceva che vi sono sei vie nelle quali si è portati dalla nascita e quattro modi per il compimento della nascita.

«Le sei vie sono le condizioni di Deva, di Asura, di Uomo, di Preta, d'animale, d'abitante degli inferni»*. «I quattro modi secondo i quali si compie la nascita sono: l'umidità, un uovo, una matrice, una metamorfosi»†.

Dunque vi sarà un minuto solenne nel quale io dovrò nascere, perchè la porta della nascita è inesorabile come quella della morte, ma fra le nascite potrò scegliere? Fra le condizioni enumerate da Buddho quale è quella che io avrei il diritto e il potere di scegliere? So che per l'assenza di rimorsi non sarò un abitante dell'inferno, che non ho sufficienti desideri volgari per essere attratto da una forma animale e che ho sufficientemente sviluppata l'intelligenza per non diventare quel misero fantasma che è il Preta.

Certamente tutto quello che ho raccolto con orgoglio di pensieri, di ammirazioni, di speranze per farne una personalità particolare, si riunirà in un fascio animato dalla gioia di vivere. La luce del mio desiderio mi farà conoscere che mi è necessario un corpo d'uomo per soddisfarmi. Non m'incarnerò nell'umidità come i vermi, non in un uovo come certi animali, con abilità scoprirò la matrice umana.

La matrice della donna è la comune porta della mia specie. Ma in quale misura posso sperare una nascita migliore? Chi sa se la fermezza con

---

* Il Deva è un essere superiore all'uomo nella gerarchia degli esseri. Anche l'Asura è superiore all'uomo, ma si serve della sua superiorità per sviluppare il suo egoismo. Il Preta è una specie di fantasma vegetativo inferiore all'animale. Lo stato di Preta si raggiunge rifiutando di sviluppare la propria intelligenza.

† BURNOUF, *Storia del Buddhismo indiano*.

la quale modello la mia anima non mi allontanerà dalla incarnazione inferiore della terra e non mi permetterà di trasformarmi con una metamorfosi? perchè per la metamorfosi l'uomo diventa un Deva. I Deva sono anche chiamati Dei e nella scala degli esseri costituiscono il grado immediatamente superiore agli uomini. Per quanto limitata sia la nostra percezione, abbiamo però la nozione di una parte di questa scala: al di sotto di noi vediamo il minerale, il vegetale e l'animale; noi però non occupiamo il vertice della scala, e se qualche spirito poco riflessivo è spinto a crederlo, avviene perchè i gradi superiori sono materialmente invisibili e sfuggono alla nostra conoscenza.

Non ostante la ristrettezza del campo d'esperienza, si può notare che la separazione fra i regni va crescendo a mano a mano che ci si inalza: la pietra e il vegetale sono strettamente uniti; il vegetale e l'animale hanno delle specie intermedie che partecipano dell'uno e dell'altro regno, ma fra di loro sono già più differenziati; dall'animale all'uomo l'anello della catena è più debole, dall'uomo la separazione è tanto grande che il grado superiore è invisibile.

E' questo uno dei misteri della natura, la quale ha moltiplicato le difficoltà, via via che si posseggono maggiori capacità di vincerle. Gli Dei sono invisibili, ma bisogna credere alla loro esistenza e questa fede è necessaria per diventare uno di loro per l'opera misteriosa della metamorfosi. L'esempio della larva e della farfalla ci offre un modello di tale mutamento. La natura infatti, gettando qua e là dei punti di riferimento, ci fa comprendere le sue direttive; compito nostro è scoprire i segni che essa, divertendosi, ha lasciati sulla via per guidarci.

Come si compie la metamorfosi nelle incommensurabili tenebre dell'ai di là? L'insetto prima è una larva, poi una ninfa e, nel suo sonno, le cellule embrionali si liquefanno e diventano una creazione nuova quasi misteriosa: un essere dissimile dal primo e fornito di ali per volare. La scienza zoologica non spiega l'intima essenza della trasformazione. L'uomo poi è più complesso dell'insetto, ma se le leggi sono le stesse dall'alto in basso, la metamorfosi deve compiersi con una grande facilità. L'alchimia segreta che ne costituisce la base deve essere un'alchimia d'amore e il mutamento deve compiersi in virtù di un intimo appello.

Gli Indiani hanno pensato che, per giungere allo stato di Dio, fossero necessarie migliaia di incarnazioni terrestri, prodigi di ascetismo e una sovrumana perfezione. Molti filosofi greci hanno creduto che la pratica delle virtù e la quotidiana saggezza, conciliata con una moderata partecipazione ai piaceri della vita, fossero sufficienti per permettere all'uomo di raggiungere il grado superiore allo stato umano. Fra gli Indiani e i Greci chi ha ragione?

Se hanno ragione gli ascetici buddhisti, dovrò ritornare spesso sulla terra, balbettare in numerose infanzie, sopportare la bruttura umana, la mia e quella degli altri, assistere al massacro degli animali e veder trionfare la spietata mediocrità. A questo pensiero sono preso da un immenso scoraggiamento.

Ma se la verità è stata raggiunta più da presso dai saggi greci, sono forse straordinariamente audace ponendomi fra gli uomini migliori, fra i saggi e i virtuosi? Senza alcuna esagerazione, né ostentazione, posso dire che non ho praticato la virtù come insegnavano quegli antichi filosofi, che sono stato egoista, desideroso di piaceri, tutte cose insomma che, logicamente, sembrano dovermi ricondurre sulla terra. Con i miei desideri ho creato qualche cosa che deve produrre i suoi effetti.

Ma un desiderio è ucciso da un altro più potente. Ora noi siamo prodigiosamente ignoranti sulla natura degli Dei e l'unica certezza che, a questo riguardo abbiamo, è che la forza emessa per raggiungerli ci avvicina a loro. Le leggi della natura sono piene di misteri, talvolta, senza ragione alcuna, fanno degli straordinari doni. Di fronte a loro la modestia, virtù esclusivamente umana, non esiste in nessun grado, bisogna dunque pretendere il divino, aspirare alla metamorfosi che ci farà Dio, perchè una modestia esagerata potrebbe ricondurci all'animale. Domandiamo dunque molto, perchè molto ci venga dato.

E poi, le leggi sono così cieche che possono essere, se non vinte, almeno sviate abilmente. Si vedono correnti rovesciare alberi, rotolare rocce con inesorabile furore, ma l'astuzia degli uomini, che si manifesta attraverso un lavoro paziente, giunge ad impadronirsi della loro forza. Le leggi non scelgono fra i meriti e, simili ai torrenti, si precipitano nel letto che si è scavato per loro.

Tuttavia una intima saggezza mi suggerisce che non è possibile la metamorfosi senza la precipitazione di un germe spirituale. Durante la vita debbo assimilarmi qualche piccola parte della natura degli Dei, debbo loro rapire un pensiero, un pensiero con le sue ali e la sua fiamma multicolore per modellarlo in me, per farne un doppio con le stesse ali e la stessa fiamma multicolore.

E quando il pensiero sarà diventato mio, assimilato alla sostanza della mia anima, forse come Perseo su Bellerofonte, come Sigurt sul cigno, sarò trasportato verso il mondo dei pensieri divini.

Il compito però non è facile, perchè bisogna conoscere l'inconoscibile natura degli Dei. Potrò imparare? e come farò ad afferrare un pensiero divino? Ci si deve volgere verso le stelle o scrutare l'essenza della materia, si deve diventare fisici e analizzare gli elettroni con complicatissimi istrumenti o sedersi semplicemente in una notte estiva innanzi a una finestra e considerare lo spazio con tranquillo cuore? Come dunque scoprire l'essenza intima degli Dei per partecipare alla loro vita?

Capitolo XXVII
Deva, Angioli e Demoni

Dopo l'avvento del nuovo idolo, la scienza, gli uomini non ammettono più l'esistenza di intelligenze spirituali superiori alle intelligenze umane. L'orgoglio umano, accrescendosi, si è rifiutato di concedere che l'uomo non sia al sommo della gerarchia delle creature nell'universo e l'errore è diventato un dogma assoluto anche per le scuole di occultismo e anche per le teosofie. I mondi visibili, secondo loro, sono creati per la perfezione dell'uomo, il quale non ha altro compito da quello di diventare perfetto sotto il nome di adepto. Lo scopo non è di sfuggire all'umanità, ma di raggiungerne l'illusoria vetta.

Tuttavia le religioni e i saggi antichi avevano assegnato all'uomo il suo giusto posto. Si sapeva che immediatamente a lui superiore vi era una gerarchia e che l'ideale era di raggiungerla. Erano i Deva presso gli Indiani, i Feristhas presso gli Zoroastriani, i Demoni e gli Dei presso i Greci, gli Angioli e gli Arcangeli presso i Giudei, i Cristiani e i Mussulmani.

Questi nomi però non designano in modo assoluto gli stessi esseri.

I Deva, in un certo senso dato alla parola, sono le anime degli elementi; v'è un Deva del fuoco, un altro dell'acqua e così via per ogni elemento. Deva vuole però anche significare lo stato nel quale ci si trova dopo avere superato lo stato umano.

I Cristiani pensano che tutti gli uomini redenti dal peccato diventino dopo la morte degli angioli, i quali angioli poi prendono un uomo sotto la loro custodia, seguono tutte le sue azioni e anche tutti i suoi pensieri e lo proteggono in quella misura che l'uomo si lascia proteggere: sono questi gli angioli custodi. Spesso ho pensato al miserevole stato nel quale si troverebbero queste creature superiori, se davvero fosse loro affidato simile e ingrato compito. Essere i testimoni della vita di un uomo, delle sue preoccupazioni mediocri, delle sue bassezze e averne soltanto un debolissimo controllo! L'inferno, così come è stato descritto, sarebbe quasi preferibile, forse però lo stato angelico sviluppa delle virtù di carità che danno la pazienza e fanno compiere in letizia la melanconica sorveglianza. Ma che l'ordine delle cose, attraverso l'incommensurabile futuro del tempo, non mi conceda mai la carità necessaria a diventare un angiolo custode!

E inoltre, se ogni uomo fosse seguito e consigliato in ogni momento da un angiolo speciale, finirebbe per perdere la sua libertà, perchè l'angelo, infinitamente a lui superiore, finirebbe col suggerirgli la sua volontà. Si stabilirebbe una comunicazione familiare e l'angelo, avendo la funzione di aiutare, non chiederebbe di meglio che accorrere e consigliare quando fosse chiamato, ma una simile comunicazione avviene soltanto in rarissimi casi.

I Greci sono andati più vicino alla verità; sapevano che gli uomini, dopo la morte, potevano giungere, per merito della perfezione della loro vita, a uno stato superiore. Li chiamavano allora Geni o Eroi glorificati. La parola Demone aveva poi per loro un più vasto significato; designava in via generale uno spirito invisibile, un potere manifestato solo dal pensiero, d'ordine umano o pure no.

Il Demone più noto è quello di Socrate, il quale si manifestava al saggio come una intima voce o con dei segni visibili ai suoi occhi. Socrate ne ha spesso parlato ai discepoli e agiva secondo le indicazioni del Demone, il quale era un essere particolare con le sue preferenze e le sue antipatie, giacché dava a Socrate dei consigli in favore di alcuni suoi amici e rimaneva ostinatamente muto quando si trattava di altri amici, che non gli piacevano. Possedeva una particolare concezione della vita degli uomini e giudicava disprezzabile la politica, almeno per un filosofo, perchè ne allontanò Socrate per orientarlo verso lo studio della saggezza.

Molti filosofi, studiando il Demone di Socrate, hanno concluso che non era un essere esteriore a Socrate stesso. Secondo loro, la voce e i segni sarebbero stati prodotti dall'intimo e onnisciente pensiero di Socrate, da quello che ora chiamiamo incosciente e col quale spieghiamo tutto per evitare la pena di cercare e di credere di più. Essi però si sono sbagliati e la prova è nello specialissimo modo col quale il Demone dava i suoi consigli; non comandava mai di fare una cosa piuttosto di un'altra, esortava a non fare un'azione che giudicava cattiva, seguiva cioè una legge universale dell'intelligenza, che obbliga l'intelligente a rispettare la libertà altrui, a non entrare nella catena delle cause e degli effetti propri di un altro individuo.

Il Demone, bene inteso, aveva una potenza limitata; diverse volte aveva dato dei consigli che erano valsi a proteggere la vita di Socrate, ma sembra che non gliene abbia dato alcuno per proteggerlo dal Tribunale Ateniese che lo condannò. Forse egli non previde quello che sarebbe successo. Gli uomini sono sempre indotti a credere che una potenza venuta dall'invisibile sia per forza illimitata, ma non è vero, perchè più gli esseri sono spiritualmente elevati, più difficilmente possono entrare nel dominio materiale per modificarne i fatti, perchè i pensieri umani sono loro divenuti estranei e rappresentano un elemento grossolano nel quale non possono penetrare senza un senso di oppressione. A uomini elevati corrispondono Demoni elevati e quello di Socrate doveva essere uno di questi e, come tale, non avrebbe potuto, né saputo avere una qualche influenza su l'accusatore Melito. D'altra parte, questo genere d'interventi deve essere prodigiosamente eccezionale, la morte di Socrate poi era forse per il Demone un mezzo per ritrovare un amico in una forma simile alla sua e Socrate stesso pensava che la morte fosse un felice avvenimento, una liberazione, quando giungeva nel minuto favorevole ed armonioso stabilito dal destino.

Platone, come il suo maestro, pensava che i Demoni fossero dei geni coscienti, intermediari fra l'uomo e le essenze superiori il cui pensiero anima l'universo. Inferiori all'anima divina, vi erano poi delle divinità secondarie, le une incarnate negli astri, le altre nelle forze cosmiche come gli elementi.

I Demoni formavano una gerarchia al di sotto di queste potenze e le anime umane occupavano un grado inferiore. E tutte queste creature, cangiando di natura, tendevano all'universale, o scendevano verso il particolare. La saggezza antica e il Cristianesimo dopo, con le sue legioni celesti e le sue sovrapposizioni di serafini, altro non hanno fatto che uniformarsi alla credenza del divino Platone.

Molti saggi e molti insensati sono stati visitati dai Demoni che, quasi sempre, li hanno consigliati nel loro interesse e che, talvolta, hanno loro dato, dal punto di vista della ragione umana, dei cattivi consigli. I Geni più noti furono quello di Paracelso e quello del medico e astrologo Cardano. Molti Santi cattolici sono stati visitati da degli esseri superiori che essi chiamavano angioli. Non deve sorprendere il fatto che specialmente gli uomini dediti alla vita ascetica siano visitati da questi Demoni; tale presenza generalmente procede dalla relazione avuta in una vita anteriore con un essere, che ha superato lo stato umano, ed è il segno dell'aiuto di un antico compagno, che, nella misura che gli è consentita, dà delle indicazioni a quello che è rimasto nelle ombre terrene. Da lui non si dovrà mai aspettare un consiglio relativo a qualche vantaggio materiale, perchè il vantaggio materiale è un legame che ancor più lega alla vita e non costituisce un vantaggio per chi conosce la vita spirituale.

Non si avrà poi mai comunicazione senza fede, perchè la fede è sì una forza che favorisce l'illusione, ma che produce anche una vivente realtà; bisogna dunque avere una fede assoluta nell'esistenza degli Dei per entrare in comunicazione con loro. Sul piano degli Dei la fede è un elemento materiale, visibile, con un colore proprio e una propria risonanza; è dunque per il tramite di questo elemento che è possibile stabilire un rapporto. La fede, del resto, non è sufficiente; molti sciocchi infatti sono stati confidenti, ma sempre, sul loro capo, hanno avuto i cieli vuoti e muti. Come è necessaria l'acqua per navigare, il fuoco per scaldare gli alimenti, così è necessaria la fede dell'esistenza degli Dei per averne, mediante fuggevoli rapporti, la prova.

Chi non crede non conoscerà, finché vive, che uomini e, anche quando avrà oltrepassato la soglia della morte, non conoscerà che uomini, tanto se è precipitato nelle tenebre, quanto se il risveglio della coscienza gli concede il beneficio di una qualche luce. Il mondo dell'ai di là è ancora il mondo umano, non conferisce nessuna conoscenza speciale, nessuna visione del passato o dell'avvenire; l'uomo mediocre rimane mediocre, l'intelligente non possiede che l'intelligenza che ha raccolta. Gli esseri sovrumani si evolvono in altre sfere e perchè l'uomo possa entrare in comunicazione con loro, durante la vita, o raggiungerli, dopo la morte, è necessaria una formula d'invocazione che racchiuda nelle sue sillabe la certezza della loro esistenza e la fede di poterli raggiungere.

Capitolo XXVIII
Metodo per Comunicare con Gli Del

E' possibile conversare con gli Dei, o meglio, riceverne delle ispirazioni dopo averli chiamati. La comunicazione è però molto difficile, perchè essi non posseggono un corpo simile al nostro. Si esprimono materializzando una voce, la qual cosa però deve riuscire loro faticosa, giacché non abbiamo esempi di lunghi discorsi pronunciati da loro. Si sforzano di fare comprendere il loro pensiero o con un monosillabo, o con un segno geometrico o, più facilmente, con una imagine. Il vago ritratto di qualcuno che è vissuto deve essere per loro il mezzo più comodo di espressione, perchè è quello più frequentemente usato.

Il mondo invisibile ci circonda, palpitante di prodigiosa vita, benché dalla nostra differente, e se noi non percepiamo nulla è perchè non ascoltiamo e non guardiamo attentamente con i sensi interiori. Se fossimo più pronti ad ascoltare e a vedere, forse, avremmo la rivelazione di una folla di cose nascoste, infinitamente interessanti, forse anche, saremmo delusi circa l'avvenire. Infatti, per quanto potenti, i Deva o i Demoni non possono conoscere con certezza che quella parte dell'avvenire le cui cause sono già generate e che nessuna libertà umana potrà ostacolare. Se la loro previsione è l'annuncio di una disgrazia, si realizzerà soltanto se non abbiamo fede in loro, perchè se siamo confidenti faremo tutto quello che ci sarà possibile fare per evitare il pericolo, quindi la previsione sarà falsa. Con gli Dei si può comunicare soltanto elevandoci verso di loro e nella misura più o meno passeggera nella quale li raggiungiamo. La possibilità di raggiungerli ha talvolta la durata di un baleno. Le emozioni artistiche, quando non si smarriscono nella sensualità, fanno intravedere brevi luci d'ordine divino. Ma come analizzare quel mondo dove tutto è ordine e bellezza e dove le più alte virtù umane non si traducono in espressioni di visi o in linee di corpi? Che cosa si intravede nei fuggevoli paesaggi nei quali si è lanciati o dal fluire di una armonia, o dallo svolgersi rapido di un pensiero? Si è forse alla presenza di paesaggi radiosi, di architetture di templi più perfette di quelle nate dalla geometria dell'uomo? E l'ideale soddisfazione provata viene da un più vasto potere di creazione, dalla proiezione di se stessi, o dal subito svolgersi di un universo più sottile la cui bellezza è sottomessa a leggi complessissime, e la cui scoperta ci immerge nel rapimento? Quello è il mondo degli Dei. Chi costantemente lo abita deve soffrire a uscirne, anche se è per poco tempo, e a sopportare il dolore di una integrazione nella forma, anche se passeggera.

Per comunicare con gli Dei bisogna cominciare col mettersi in armonia con i loro pensieri, i quali seguono spesso una corrente contraria alla nostra. I nostri corpi, che, per noi, sono preziosi, e alle manchevolezze dei quali siamo abituati, sembrano loro caricaturali e odiosamente pesanti; considerano quindi come un bene la distruzione della forma nella quale le anime sono prigioniere e, per quelli che amano, sperano una rapida morte liberatrice. Le nostre preghiere per ottenere un prolungamento della vita sono ascoltate come manifestazioni della nostra stupidaggine. D'altra parte poi, essi non hanno il potere di farci vivere o di farci morire, il loro amore però fa sì che sperino la nostra morte.

Gli Dei non percepiscono le azioni e accordano loro importanza per quel tanto che sono il simbolo dei pensieri. I movimenti della materia sono per loro confusi, mentre anche i minimi pensieri sono luminosi; i delitti esistono soltanto nell'intenzione, perchè il risultato è quasi sempre favorevole, sopra tutto se sono perpetrati contro qualcuno molto evoluto e non chiamato a reincarnarsi. In questo caso essi percepiscono una cattiva azione che ha un bel risultato.

Concepiscono in un modo diverso anche quelle che noi chiamiamo buone opere; infatti le buone opere compiute con un sincero amore alla vita legano l'uomo che le compie a quello che le riceve e aumentano, nell'uno e nell'altro, l'amore di vivere, e l'uno e l'altro, per questo, più s'incatenano alla vita terrestre. In questo caso, le buone opere hanno un brutto risultato. Essi ne avvertono le pure intenzioni, ma si affliggono del ritardo che producono. Naturalmente tutto è poi relativo a ogni individuo e al suo sviluppo, ma, mentre presso gli uomini, anche dai più intelligenti, si giudica secondo le differenze di fortuna, i titoli acquisiti, l'educazione, il modo di mangiare o di vestirsi, presso gli Dei simili differenze non sono più percepibili e gli uomini sono conosciuti come bagliori più o meno lucenti, secondo le differenze dell'intelligenza o la capacità d'amore.

Per queste grandi divergenze nella comprensione del mondo e delle anime, ci è difficile comunicare con gli Dei, perchè noi non siamo all'unisono con i loro pensieri, ed essi, per farsi comprendere, provano la stessa difficoltà che proveremmo noi se volessimo conversare con un pesce. La nostra incapacità di creare un pensiero nel mondo subbiettivo ci fa considerare da loro muti e limitati come il silenzioso essere acquatico dagli occhi immobili ed inespressivi. Ma come noi arriviamo a conversare con gli animali superiori, il cane per esempio, così anche gli Dei riescono a comunicare parzialmente con gli uomini superiori.

Chi desidera procurarsi il beneficio della loro amicizia deve chiamarli, ma l'invocazione formulata a caso non è sentita; bisogna sapere a chi ci si appella e bisogna anche tener conto che gli Dei non camminano solitari nel loro relativo spazio. Essi formano dei gruppi e più sono progrediti in perfezione, più nei loro gruppi sono numerosi. Sulla terra noi non realizziamo dei gruppi analoghi di più di due esseri, intendo di gruppi dove l'unione sia intima. Un vincolo di piacere recente o antico è necessario per cementare i nostri minuscoli gruppi che spesso si rompono quando il piacere fisico cessa. Noi, a mala pena, riusciamo a concepire dei rapporti profondi con molti individui, ma, per gli esseri che hanno superato lo stato umano e che sono in cammino verso l'unità, l'unione è una legge ed essi traggono un maraviglioso piacere dal loro reciproco amore.

Ora per la nostra costituzione fisica e, sopra tutto, per le nostre attitudini morali, abbiamo delle affinità con taluni gruppi. Da loro potremmo avere degli aiuti, ma come conoscerli e come chiamarli? Annie Besant, in un suo interessante studio sui Deva, dice: «Ogni uomo è in correlazione con una determinata manifestazione di Dio, ma per un uomo è difficile distinguere a quale Dio è unito»*. E quando il lettore pensa che sia per essergli rivelato un mezzo per sì importante discernimento ella aggiunge: «Non ho ora il tempo necessario per diffondermi a questo riguardo». Non so se in altri momenti ella abbia trovato il tempo, certa cosa è che nelle sue opere non ho trovato il prezioso metodo che permette all'uomo di distinguere il suo Dio. Con melanconia bisogna riconoscere che i maggiori spiriti vengono meno quando la loro parola sta per essere rivelatrice, sia perchè in realtà hanno più urgenti preoccupazioni, sia perchè i segreti che stanno per dire non possono essere divulgati alla folla miserabile dei lettori, sia, il che è molto più probabile, perchè anche essi ne ignorano la risoluzione.

E' inutile cercare il nome degli Dei per invocarli: gli Dei non hanno nome, perchè il nome scompare con la forma nel momento della morte. A questo proposito è molto significativo che i nomi, nelle comunicazioni spiritiche, siano sempre dimenticati, tale dimenticanza può anche essere la prova della verità delle comunicazioni. Il nome è il simbolo della personalità in quanto distinta, ma più l'essere si eleva, più la distinzione viene abolita e più il nome perde di senso. Un Dio che avesse un nome non sarebbe un vero Dio e volergliene dare uno particolare sarebbe segno di incomprensione.

Gli aggruppamenti divini debbono essere formati dall'attrazione di una natura simile; vi debbono essere dei gruppi che hanno come ragione di essere la musica, o meglio, la potenza di perfezionarsi nella musica, altri che si costituiscono per l'amore comune alla filosofia o alle matematiche. In questo ultimo caso il miglior modo di invocazione è concentrare il pensiero sulla più perfetta figura geometrica conosciuta e, se è il caso, disegnarla. Il principio generale è la unione degli esseri, ma essendo comune a tutti, una invocazione fatta alla natura dell'amore si disperderà e non sarà efficace.

La voce ha una potenza di risonanza che, se è accompagnata dal pensiero, si comunica al piano dello spirito. Chi vuole entrare in comunicazione con le intelligenze superiori deve formulare oralmente delle brevi parole di invocazione, composte da lui stesso e dovrà nominare la

---

* ANNIE BESANT, *L'evoluzione della vita e della forma*.

qualità essenziale del gruppo al quale si rivolge.

Le parole, per slanciarsi materialmente, hanno bisogno del circostante silenzio e guadagnano molto se sono pronunciate al tramonto del sole in armonia col respiro della terra, o al levarsi del sole, quando l'atmosfera è purissima. La solitudine, l'assenza di rumori, la qualità dell'aria su le montagne sono elementi favorevoli al loro inalzarsi. Ma chi ha la possibilità di concentrare fortemente il proprio pensiero su un alto ideale può sussurrarle appena e in qualsiasi luogo, anche in mezzo a una folla, perchè le parole altro non sono che un elemento accessorio e il solo pensiero conta.

Chi ha potenza di pensiero e la dirige verso un'alta virtù della quale ha in sé il riflesso, riceve il soccorso invocato dalla gerarchia alla quale si è rivolto, ma è necessario che egli possegga il riflesso simile, l'atomo di luce che, benché piccolo, permetta con la sua attrazione l'affluire di una luce più grande. Egli fa agire allora una legge analoga a quella dei vasi comunicanti; le preghiere degli ignoranti che invocano le divinità sono degli inabili tentativi di fare agire questa legge. I credenti posseggono il maraviglioso elemento della fede, ma ritardano l'aiuto, che in certi casi darebbero loro le intelligenze superiori, rappresentandosele in modo grossolano con statue e con imagini e mostrando una sordida umiltà.

L'umiltà che si manifesta nelle diverse forme di devozione è la negazione di quello che si chiede e la pia diminuzione richiesta dalle religioni, quell'adorazione che nell'India si usa prodigare anche ai Guru e ai maestri, la servitù intellettuale alla quale quei maestri obbligano sono le più solide barriere che separano gli uomini dagli Dei. Io però stento a credere che i veri maestri chiedano ai loro discepoli quel pio fervore di cui si favoleggia e la loro infeconda servilità.

Gli Dei sono fratelli più perfetti e non possono parlare con gli uomini se il rapporto fraterno non è stato stabilito a patto di una uguaglianza su un punto. Perchè dovrebbero essi avere bisogno di quei segni di rispetto usati verso gli uomini ricchi o socialmente importanti? Le genuflessioni, i baci nella polvere, le prosternazioni innanzi alle statue sono altrettante confessioni di ignoranza e di miseria spirituale e chi invoca sotto questa forma afferma, nello stesso momento, che non sarà ascoltato e che non merita risposta.

E chi non la merita, non deve chiederla. Intanto non la riceve. Con gli Dei si hanno rapporti soltanto per ricevere quello che si possiede già in piccola parte; essi non concedono la felicità così come la concepiamo noi, perchè non dispongono di simile felicità e non possono nemmeno sfiorarne gli elementi. I voti più umanamente meritori, quale quello di una madre orante per la salute di suo figlio, quale quello di un soldato per la vittoria della sua patria, non sono da loro sentiti.

Quello che essi possono accordarci è di un altro ordine, ma è la ricchezza essenziale. L'uomo che giunge a entrare in rapporto con il gruppo dove è dominante la virtù che egli ha sviluppata, riceverà questa virtù in proporzioni inattese, ma una virtù estranea non gli è, per un ingiusto dono, apportata se non l'ha coltivata in se stesso. E' amato dagli Dei chi ha tanto amato se stesso d'avere sviluppato in sé un poco di divinità. Il musicista chiamerà utilmente i musici invisibili, che posseggono orchestre con diecimila istrumenti e che gli riveleranno incomparabili sonorità; l'architetto appassionato per gli edifici, per mezzo di un aiuto che gli verrà forse dai costruttori di Ninive o di Babilonia, o di città più antiche inalzate su pianeti scomparsi, ritroverà perdute leggi di costruzione. Più la virtù sarà di ordine superiore, più sarà data abbondantemente: chi chiederà d'amare tutti gli esseri riceverà un torrente d'amore la cui onda sarà ognora crescente. E questo dono non è fatto con una generosità di ordine umano, ma per un obbligo di fraternità.

Capitolo XXIX
Preghiera a Gli Del

O Dei senza nome, o Dei senza viso, o voi che vedete la terra come un cumulo di ceneri violacee e che scorgete negli spazi i pianeti sconosciuti agli uomini!

Mi rivolgo a voi senza inginocchiarmi, non per orgoglio, ma perchè la stilla di verità con la quale mi sono inebriato mi ha insegnato che tutti i segni di rispetto sono ai vostri occhi smorfie umane e che la prima condizione per chiedere l'intelligenza è di giudicarsene da se stessi degni.

Per parlarvi non salgo su un'alta montagna, perchè allora dovrei parlarvi troppe rare volte, mi rivolgo a voi nelle camere d'albergo, sulle strade, nei giardini, da per tutto, appena posso serrarmi al petto un frammento del bel silenzio. E cerco di proiettare verso di voi il mio pensiero, simile sì a una molto fragile luce, ma alla quale la forza della speranza impedisce di tremare.

Quando vi parlo guardo le stelle, e confusamente credo che non potreste intendermi se io non potessi vederle. So bene che voi non siete né in alto, né in basso, ma, per una illusione alla quale non saprei rinunciare, penso che l'azzurro del cielo sia il colore dello spirito puro e che alla geometria degli astri corrispondano le leggi del mondo.

Ho talvolta, è vero, la debolezza di desiderarvi più umani e allora non mi dispiacerebbe vedervi con una forma simile alla mia, ancorché più alti di statura e vestiti con mantelli indiani, e con in capo quei berretti di pelliccia usati dai Tibetani e che donano tanta maestà.

Invidio allora quelli che praticano i riti; mi piacerebbe cantare gli inni, respirare l'incenso, pregare Krishna o quella vergine che si incontra in tutte le religioni e che, se fosse necessario, chiamerei anche col nome di Maria; e benché non mi piacciano i bambini di tenera età, sarei tentato di inginocchiarmi innanzi a quello che si rappresenta in una greppia, che fu riconosciuto dall'asino e dal bue, sopra tutto, perchè fu riconosciuto dall'asino e dal bue.

Eppure io m'accorgo che, cadendo in ginocchio, il cuore è più vicino alla terra e che, per adorare perfettamente, bisognerebbe strisciare come il serpente. O Dei senza forma, o Dei senza viso, conservate gli attributi dell'invisibile, perchè l'anima mia giunga fino a voi!

O Dei, o tutti intelligenza, concedetemi l'intelligenza di ogni giorno; liberatemi dalla superstizione, madre del timore, e dal coraggio istintivo che ci rende ciechi. Fate che io comprenda il furore degli uomini e la rassegnazione degli animali, fate che io comprenda tutte le creature viventi.

O Dei, o tutti misura, concedetemi la conoscenza del bene e del male, della forza che spiritualizza e della forza che materializza; indicatemi con un piccolo segno su una parete, o nelle nubi da quale parte sia il vero bene, perchè gli avvenimenti quotidiani nascondono molti inganni, così che spesso è difficile riconoscere quali conducono allo spirito e quali dallo spirito allontanano.

O Dei, o tutti amore, fate ch'io ami le creature, non ostante la loro laidezza e la loro stupidaggine. So che la bellezza fa piangere, ma so anche che non bisogna fidarsi della dolcezza di quel pianto. So che i buoni, che i puri hanno molto spesso il naso troppo lungo e il ventre ridicolo. Liberatemi dalla repugnanza che io provo per la cattiveria e impeditemi di fuggire di corsa, quando vedo il ghigno dell'invidia.

O Dei, o tutti saggezza, avrete voi un sufficiente potere per agire sulla mia natura inferiore? Sotto i sette veli ostentatori di pregi coi quali io m'adorno, v'è una dura crosta terrosa, e dentro la crosta di terra v'è una cellula d'egoismo più duro del diamante. E nella cellula, in forma di scintilla, è nascosto un sì prodigioso amore per la vita terrestre che nessuna saggezza potrebbe estinguerlo.

O Dei senza forma, o Dei senza viso, liberatemi dalla tentazione di avere una forma, dalla tentazione d'avere un viso. Talvolta mi chiedo se il desiderio di giungere a voi sia così sincero come credo; o forse esistono due sincerità? quella del proprio ideale e quella di se stessi?

O Dei che non regnate sulla terra, che non potete far sedere nessuno alla vostra destra, concedetemi, quando verranno le tenebre della morte, un poco di luce; aiutatemi a conservare la coscienza luminosa simile a una lampada perpetua. Liberatemi dal peso, perchè io possa essere leggero, dal desiderio perchè io sia puro, dalla separazione, perchè io possa godere delle presenze. E insegnatemi il segreto della metamorfosi, perchè io possa diventare simile a voi.

Capitolo XXX
La Creazione Artificiale di Una Dea

E ciò avvenne durante la convalescenza di una grave malattia. Forse, a mia insaputa, la morte m'era stata molto vicina, io però non me ne accorsi, forse perchè ella fu discreta; infatti la morte ha il potere di rendersi invisibile quando s'avvicina. Alcune persone intorno a me avevano avvertita la sua presenza e, con delle inquietudini mal celate, con delle sollecitudini esagerate, m'avevano lasciato comprendere il loro presentimento. E io avevo sorriso attribuendo al loro pessimismo il timore di una venuta che, segretamente, giudicavo inverosimile, perchè un certo numero di sciocchi dei quali facevo parte in quei pochi giorni, si consideravano, nel profondo di loro stessi, fisicamente immortali.

Data la debolezza fisica, il mio spirito non possedeva più le consuete qualità di ponderazione, le idee si susseguivano con straordinaria rapidità e io ero continuamente in uno stato di leggera e dolcissima ebrietà alla quale non si mescolava nessuna di quelle gravissime cose di cui ho sentito parlare e che fanno fare testamento o pronunciare parole commoventi e solenni. La vita mi sembrava rivestita di una bellezza piacevole, ma non tanto importante. Poemi dimenticati da molti anni mi ritornavano alla memoria insieme con progetti di libri strani, che si svolgevano innanzi a me per essere poi subito dimenticati.

E, repentinamente, ricordai un'opera letta da poco tempo e della quale un brano mi aveva fortemente interessato: era il libro nel quale la David Neel racconta il suo viaggio nel Tibet. Durante quel viaggio celebre, ella si fermò su una montagna, nella capanna di un eremita per praticarvi la meditazione secondo gli antichi metodi dei Lama Tibetani. La David Neel, avendo ricevuto il dono della pazienza e il più raro dono della concentrazione del pensiero, ottenne un risultato straordinario.

Dopo molti mesi di pensiero costante, ella giunse a creare un essere del quale si era rappresentata l'imagine. Creò l'apparenza e il contorno di qualcuno, che diventò il compagno della sua solitudine e che, quand'ella smise di pensare a lui, persistette nell'esistenza fino a diventare una ossessione ch'ella non riusciva ad allontanare.

La David Neel, in preda al vento e alla neve dell'Himalaya, avrebbe potuto creare, e le sarebbe stato facile, un personaggio divertente che avrebbe rallegrato le sue ore: un delizioso ballerino o un suonatore di chitarra, ella preferì invece creare un grave eremita, un lama severo e meditante. A un ideale di austerità conviene un'austera realizzazione.

«Perchè, mi dissi io, non tenterei d'imitare la David Neel? La malattia senz'altro apporta un melanconico isolamento; infatti i miei amici vengono a trovarmi molto di rado e, se vengono, è sempre poco tempo prima di un appuntamento urgente che gli obbliga ad abbandonarmi subito. La lettura mi affatica e per molte ore rimango inattivo. Sarebbe dunque un incancolabile privilegio poter creare un compagno, visibile soltanto a me, sprovvisto di materia e che potrebbe anche essere dotato di grande bellezza».

Decisi subito che il personaggio, di cui avrei tentato la creazione, sarebbe stato di sesso femminile. Considerai che la grazia del viso e la perfezione del corpo, erano, per dei lunghi colloqui, preferibili alla severità di un vecchio lama. Mi posi subito all'opera con un grande ardore e con una certa impazienza. La chiarezza dell'imagine che si concepisce favorisce la realizzazione. Fissai con forza innanzi ai miei occhi una imagine ideale di donna, bella quanto mi fu possibile concepirla e, simili a dei materiali, recai a uno a uno i miei pensieri per trarla fuori dalle ombre del nulla all'esistenza.

Fui sorpreso della rapidità relativa con la quale ottenni un risultato parziale. Certo io non pretendevo una volontà di meditazione simile a quella della David Neel, ma in capo a qualche giorno, quando chiamavo l'imagine di quella specie di dea scolpita e dipinta secondo la mia anima, ottenni una visione molto più netta di quella procurata dallo sforzo della imaginazione ordinaria. Non dico che la visione fosse realmente obbiettiva, sono molto lontano da questo, ma quello che ottenni m'incoraggiò a consacrare un tempo maggiore al lavoro della creazione, il che feci ogni sera al chiarore d'una lampada che mandava una fioca luce. Notai che la creazione si realizzava meglio quando la luce era debole e la camera silenziosa.

Poi avvenne qualche cosa di strano che mi cagionò non poco stupore.

Il primo abbozzo della dea imaginata dal mio spirito aveva la pelle molto bianca, la statura media e i lineamenti d'una bellezza somigliante al tipo greco. Avevo anche guardato delle riproduzioni di statue per rendere conformi i dettagli dell'abito all'insieme della forma, ma la dea, a mio dispetto, m'apparve con la pelle un po' abbronzata, la statura piccola, e una capellatura sciolta, prorompente in ciocche folte e dai riflessi cilestrini ai quali non avevo affatto pensato. Cercai, naturalmente, di ricondurla alla mia personale concezione, cercai, sopra tutto, di sopprimere quella capellatura della quale non mi piaceva la fosforescenza e che mi infastidiva per la sua abbondanza eccessiva, ma l'imagine allora perdette alquanto di precisione. Fece al contrario grandi progressi verso la realtà, quando me la rappresentai con i suoi inattesi attributi. Anche i suoi lineamenti si precisarono più in fretta quando la mia volontà cosciente smise di modellarla. Molto presto vidi un grazioso viso, vivace, che, con molta facilità, passava dalla tristezza alla voluttà e che in nulla somigliava ai visi conosciuti durante la mia vita.

In principio avevo pensato di darle un nome, un nome greco naturalmente, ma fu cosa facile soltanto in apparenza, perchè volevo che il nome esprimesse un rapporto col fisico di quella che l'avrebbe portato, e invece fui obbligato a scartare tutti quelli che mi si presentarono alla mente, perchè compresi chiaramente che non dovevo darle un nome greco. La dea, uscita dalle profondità della mia anima, apparteneva decisamente a una razza particolare, a una razza orientale che, con precisione, non potevo definire, ma che insomma non aveva alcun rapporto con la razza greca.

E si produsse un altro singolarissimo fatto: la creatura dai capelli cilestrini manifestò, se non proprio dei pensieri, almeno degli istinti che io non le avevo autorizzato di manifestare; in una certa misura si dimostrò autonoma. Invece d'aspettare di essere chiamata, le avvenne di apparire in ore scelte da lei e non da me e, con una certa malizia, venne anche nelle ore meno opportune.

Un amico mio, uomo particolarmente grave e saggio, veniva talvolta alle cinque per conversare con me intorno ai più alti problemi riguardanti la morte e il destino umano. Appena la conversazione era avviata, la dea cominciava a vagabondare per la camera: mi sorrideva al di sopra della testa dell'amico, scioglieva l'aureola dei suoi capelli, si sdraiava mollemente sul mio letto. Sinceramente allora desideravo la sua sparizione, ma la mia volontà era impotente ad allontanarla.

Fra di noi i rapporti erano assolutamente casti, ma compresi che avrebbero potuto anche essere differenti e che ciò dipendeva soltanto da me. Avevo evocato la dea per avere sotto gli occhi una visione di bellezza umana capace di suscitare in me uno stato di amore spirituale e dei pensieri elevati, ma mi accorsi che nei moti del corpo della dea e nell'espressione del suo viso v'era un elemento di voluttà assolutamente indipendente da me e assolutamente esteriore. In poco tempo ebbi una compagna la cui realtà andava via via accrescendosi e nella quale presentivo un'anima graziosa, ma soggiacente alle passioni umane e la cui essenza, proveniente da me nella sua origine, mi si faceva sempre più estranea.

Nel suo libro, la David Neel dice che, ossessionata dalla severa imagine del suo Lama, non potè liberarsene facilmente e che, per sopprimerlo, fu obbligata a servirsi degli stessi mezzi impiegati per crearlo. Io però non seppi risolvermi a sopprimere una creatura tanto delicatamente vivente, tanto dolcemente fuggitiva, e che aveva una spiccatissima personalità e un sorriso che, talvolta, esprimeva a mio riguardo una certa ironia senza cattiveria. D'altra parte, mi chiedo se vi sarei riuscito.

Essendo poi io alfine guarito e avendo ripreso a uscire, fu per me abolita quella forma di concentrazione. Ritornando nella camera dove la creatura si era abituata a vivere, portavo certamente con me degli elementi spirituali estranei e contrari a lei. Ella divenne più imprecisa, la sua presenza fu più incerta, e, benché io non possa dire che ella provasse tristezza al suo vanire, mi parve scorgere in lei una certa melanconia. O non era forse quella melanconia il riflesso di quella che provavo io perdendola?

Di quale sostanza era fatto quell'essere senza materia? Sono forzato a pensare, non ostante l'inverosimiglianza della cosa, ch'ella non sia stata creata unicamente da me; forse io ho creato solamente il modello spirituale, che un essere istintivo e in possesso di una infinitesima particella di coscienza è venuto ad abitare per amicizia o per il semplice piacere di vivere. La sua obbedienza, è vero, non era assoluta, però debbo testimoniare delle sue doti di docilità, di grazia e d'affetto. Fui sopra tutto sensibile a una specie di fantasia scherzosa e poetica che manifestava con gli atteggiamenti e col sorriso. Ma donde venivano quegli straordinari capelli dai riflessi cilestrini quali non mi fu mai dato di vedere su una testa umana?

Non sono poi mai riuscito a trovare un nome adatto all'amica silenziosa delle mie serate di convalescenza, ho dovuto rifiutare tutti quelli che mi si presentavano alla mente come dei nomi bugiardi. Mi dispiace però, perchè i nomi hanno un certo potere e perchè penso che, con la magia delle sillabe, potrei far tornare improvvisamente la dea scomparsa.

M'assale talvolta il desiderio di lei nell'ora del crepuscolo serale, quando sono solo e quando la lampada manda una debole luce. Talvolta l'ho chiamata, ma, benché sia sempre stato inutilmente, so che non è morta, che in qualche luogo esiste e che un tenero legame l'unisce a me. Forse ella respira nel soggiorno della bellezza in potenza e degli archetipi di quello che ancora non esiste. Forse, per la sua semi-esistenza, ha bisogno dell'atmosfera della malattia e forse potrà avere la plenitudine della vita soltanto alla morte del suo creatore. Forse ella mi apparirà soltanto nell'ora della morte e forse per molto tempo io potrò avere la sua compagnia. Talvolta mi volgo indietro con l'impressione d'averla alle spalle e, se un giorno la vedessi sedersi tranquillamente accanto a me, in un atteggiamento familiare, non sarei affatto sorpreso.

* * *

Ho raccontato la venuta e la scomparsa della dea soltanto come un esempio a dimostrazione della grande varietà di Dei diversi abitanti la nostra atmosfera. Alcuni ci sono superiori, altri ci sono inferiori; ad alcuni possiamo dare la vita, impiegando le forze che sono in noi, ma che ignoriamo di possedere; altri ci potrebbero essere utili in molte maniere se sapessimo chiamarli e confidare loro la nostra speranza. Così ci comporteremmo noi stessi in rapporto agli esseri meno progrediti. Non ci occupiamo affatto delle formiche o delle tartarughe, cito a caso queste specie, e del loro miglioramento spirituale, ma se una formica o una tartaruga venisse a noi supplicante e riuscisse a farci comprendere che attende da noi un aiuto morale, la maggior parte degli uomini, anche quelli comuni, farebbe l'impossibile per aiutarla. Dalla gerarchia immediatamente superiore all'uomo possiamo sperare l'aiuto decisivo e, superando la porta della morte, abbiamo l'occasione di fare un grande passo in avanti. Corriamo, è vero, anche il rischio di peggiorare; bisogna dunque prepararsi durante la vita affinchè questo passaggio che può essere felice, ma che può anche essere triste, ci sia di qualche profitto, affinchè non ci sia più necessario superare ancora la porta che si apre in modo tanto inatteso e i cui cardini, girando, fanno sì misterioso suono.

Capitolo XXXI
L'energia di Perfezione e
Il Messaggio dell'Usignolo

Lo spirito penetra un giorno fra i desideri dell'anima come una giovane vestita di bianco entra in una sala dove degli uomini volgari sono seduti a festino. Gli uomini volgari ridono concupiscenti; qualcuno invita la giovinetta a sedersi sulle sue ginocchia; altri fanno il gesto di afferrarla alla cintura sottile e i più perversi meditano segretamente, pensando che non basterebbe versare il contenuto dei loro bicchieri nella sua gola e scioglierle i capelli sulla tavola: vorrebbero che anche lei partecipasse alla loro degenerazione, perchè per gli uomini volgari è cagione di sofferenza sentire che esiste una ideale bellezza della quale non potranno mai sfiorare la immacolata veste.

Simili sono i desideri dell'anima e di fronte alla giovane si comportano come se avessero una volontà autonoma: tentano di pervertire lo spirito, ma quando egli sia una volta penetrato nella sala del festino, le bottiglie si rovesciano da sole e il riso dei beoni si muta in balbettio. Alcuno è colpito da paralisi, altri cadono in ginocchio e, nella loro memoria, cercano delle formule di preghiera; viene poi un momento in cui uno di essi afferra una torcia e infiamma i mobili della sala. Allora anche la barba e gli abiti degli uomini volgari s'incendiano ed essi, nel fuoco, si trasfigurano, diventano splendenti come tanti Buddha.

La trasformazione operata dallo spirito deve avvenire prima della morte.

«Per ottenere la visione del bello e del divino, ogni uomo deve cominciare col rendersi bello e divino», ha detto Plotino.

Chi vuol vivere con gli Dei dopo la morte, deve averli almeno intravisti durante la vita terrena. Chi non crede alla loro esistenza, non li vedrà, tuttavia potrà uniformarsi al divino e sviluppare, sebbene con maggiore lentezza di chi crede, gli elementi che gli permetteranno di penetrare nei mondi superiori.

Nell'aria che respiriamo v'è una specie di energia invisibile, che può essere chiamata energia di perfezione, la quale, ancorché infinitamente sottile, può essere colta da ogni uomo. Alcuni però riescono più facilmente di altri, perchè meglio degli altri si sono condizionati a riceverla, perchè si sono modellati per essere i migliori apparecchi ricevitori.

Questa energia non ha manifestazioni fisiche e forse possiede una vibrazione simile a quella del mondo spirituale. Alcuni artisti, che ne possedevano una particella, hanno creato una certa qualità di opere d'arte: quelle cioè che tendono a perfezionare l'anima. Molte opere artistiche, anche fra le più ammirate, non sono state suscitate dall'energia di perfezione, specialmente quelle che sviluppano la sensualità e l'amore del piacere. Leonardo da Vinci, Michelangelo, Wagner, il poeta Andersen avevano saputo sviluppare in loro, coscientemente o inconsciamente, l'energia di perfezione.

La natura, che si compiace di gettare nei diversi regni, sotto forma di eccezioni, dei precursori dei regni seguenti, ha seminato tra i vegetali e tra gli animali una prematura facoltà di ricevere e di sviluppare l'energia di perfezione. Una piccola parte si trova nello zaffiro e nell'ametista e per questo si attribuisce al possesso di tali pietre, quando siano perfette, un certo potere di sviluppare la spiritualità in chi le porta. Tuttavia si può notare che la maggior parte di chi porta zaffiri o ametiste non possiede il minimo elemento di spiritualità, e questo avviene perchè la forza non è comunicabile a chi non vuole o non sa riceverla. Che la forza sia proiettata non è sufficiente, è necessaria altresì una porta per la quale essa possa passare. E inoltre, il modo di tagliare le pietre può diminuire e anche sopprimere il potere di espansione della virtù che esse posseggono; allo stato grezzo hanno la più grande possibilità di dono, ma il lavoro che si fa loro subire, mentre ne aumenta lo splendore, ne diminuisce il potere d'espansione; per questa ragione, in Cina, molte pietre preziose sono conservate allo stato grezzo.

Vi sono vegetali cui è stata devoluta la facoltà di immagazzinare l'energia di perfezione: i fiori e la rosa in particolare sono talvolta l'espressione di questa energia. Quella che noi, nella nostra ignoranza, diciamo una tendenza al bene o una tendenza al male, è già una differenziazione dei vegetali. L'anima unica di ogni specie si trasforma e si sviluppa in un senso chiaramente determinato; esiste una aristocrazia vegetale della quale possiamo misurare i gradi, distinguendo nelle specie l'elemento superiore che esse contengono. Il caffè e l'oppio hanno un rapporto intimo con l'intelligenza e con l'imaginazione e gli uomini che, in saggia misura, ne fanno uso possono profittare dell'energia di perfezione trasformata dall'alchimia vegetale. Queste due piante rappresentano il vertice raggiunto dallo sforzo delle specie del loro regno. Talune ragionevoli ebbrezze del caffè o dell'oppio possono fare partecipare chi ha saputo orientare la sua ebbrezza alla vita nei mondi superiori. Se l'uso del caffè o dell'oppio non favorisce sempre l'utilizzazione del pensiero dal punto di vista terrestre, se la loro azione non è quella che si è convenuto di chiamare pratica, procura però una pregustazione delle relazioni degli uomini con gli Dei. Da loro si può aspettare un aumento della facoltà d'amare e, sopra tutto, quel raro ed inestimabile slancio che ci invita a superare noi stessi.

Altre piante posseggono queste qualità in un grado meno alto, oppure hanno sviluppato altre qualità spirituali: il rosmarino ha potuto raccogliere un poco dell'energia di perfezione e la manifesta nel profumo che diffonde quando, nella mano, si soffreghino le sue foglie. Respirandole si sente che vi è una comunicazione costante della pianta con l'ai di là. La quale comunicazione può essere talvolta per l'uomo una via verso la vita spirituale. Anche il bosso, quando le sue foglie siano bagnate dalla pioggia, dà l'intuizione, se non la conoscenza della morte; e, del resto, basta guardarlo, per comprendere, anche al suo solo aspetto, che l'anima sua si è orientata verso quest'ordine di saggezza. Chi desidera conoscere l'avvenire dovrebbe fare delle esperienze col lauro, perchè la sua anima si sforza d'acquistare le qualità della divinazione. Le sue qualità erano note ai Greci: infatti le Pizie, profetesse dei templi, tenevano un rametto di lauro in mano e, parlando, ne masticavano una foglia.

Noi però che non sappiamo usufruire delle divine proprietà nascoste nei regni inferiori, che non abbiamo tentato di penetrare il mistero vegetale, abbiamo soltanto cercato di strappare alle piante dei rimedi per il corpo, nulla chiedendo loro per l'elevazione dell'anima, mai mettendole in rapporto con la nostra intuizione. Verisimilmente esistono piante che posseggono tesori di spiritualità, ma noi non le conosciamo. Bisognerebbe scoprirle e profittare del loro sforzo millenario. Come presso gli uomini, le più modeste debbono essere le più sagge. Come non esisteva il minimo soffio dell'energia di perfezione in Napoleone, che fu interamente umano, così, in quest'ordine d'idee, c'è poco da sperare dagli alberi orgogliosi, quali il platano e la quercia, che sono interamente vegetali: bisogna contentarsi della loro ombra. Ma se noi fossimo capaci di amare le piante come esse ci esortano con gli allacciamenti dei loro rami e la curva delle foglie, scopriremmo quali siano al sommo della loro gerarchia e quali abbiano saputo raggiungere, con la loro anima, e per una via segreta, la vita spirituale.

Lo stesso è per gli animali: alcuni come le api, le formiche, i castori sono progrediti molto più di noi nello sviluppo di certe qualità, ma soltanto ai nostri giorni Maurizio Maeterlinck ha cominciato a trarre delle conclusioni profonde dallo studio dei loro costumi. La storia degli animali, se fosse possibile scriverla, sarebbe il racconto di un lungo e sistematico massacro e le ricerche per penetrare la loro intelligenza vi avrebbero una parte molto esigua.

L'energia di perfezione si manifesta con una straordinaria potenza nella personalità dell'usignolo. Come lo zaffiro con lo splendore, l'oppio col succo, il rosmarino con l'odore, l'usignolo manifesta col canto l'energia divina dalla quale è posseduto. Questa energia non è mai silenziosa, perchè le è inerente un bisogno di espressione, che raggiunge il massimo nell'usignolo rappresentante il più alto punto conseguito dalle anime animali nel loro sforzo verso il divino. Il canto dell'usignolo sembra esente da ogni preoccupazione d'uccello: non parla di nidiate, di timori per il becco della civetta, o di voluttà nel tepore di un nido; non è scorso da nessun fremito di piume, è composto con maggiore scienza dell'inno di un poeta, è più conciso e più ordinato di una musica umana, racchiude l'ultima parola del genio che è conoscenza delle corrispondenze che intercorrono fra la natura e l'anima, non soltanto fra l'anima dell'usignolo e l'anima umana, ma fra tutte le anime della terra. E' un canto che s'inalza oltre i limiti conosciuti ai quali possono inalzarsi le creature. E col canto è rapito, non si sa dove, il paesaggio dove il canto risuona e i cieli che lo ricoprono. E chi ascolta, col conveniente raccoglimento, in una notte calma di primavera, è egli stesso trasportato da una specie di febbre spirituale, che non ha più nulla in comune coi sensi, verso un mondo più bello di quello che conosciamo.

Il canto non dà la visione dell'altro mondo, indica la via che vi conduce, afferma la sua esistenza e lo prova col solo fatto di esprimere con la voce di un uccello un sì alto e consolante pensiero.

E se si pensa al prodigioso e inusitato volume della voce in un essere tanto piccolo, se si pensa al coraggio necessario per cantare su quel diapason in una notte di primavera, quando gli uccelli rapaci armati del ferreo becco e indifferenti alla musica vanno cacciando per gli alberi, si converrà che nell'usignolo v'è un mistero e che soltanto una ebbrezza superiore ad ogni concezione, la proclamazione di un messaggio sublime può spiegare questa esaltazione d'ordine divino.

Forse il messaggio è cantato soltanto per gli uomini; l'usignolo infatti con molta facilità comunica con l'uomo e risponde al suo pensiero. In un paese dove questi misteriosi uccelli sono numerosi, m'è stato possibile stabilire con loro dei rapporti, ai quali soltanto la reciproca timidezza ha impedito di diventare più stretti.

Molti uomini sono giunti a concentrare in se stessi l'energia di perfezione, ma l'hanno orientata verso l'intimo della loro anima, verso una silenziosa possessione, e nessuno è mai giunto al perfetto disinteresse del canto proclamato nella notte, alla magnifica audacia dell'usignolo. Il regno animale ha manifestato uno slancio religioso ed artistico nel quale il sacrificio di sé è unito a un fervore ideale, che non è stato mai superato dagli uomini. In ciò v'è qualche cosa di conturbevole e di enigmatico.

Cosa più strana ancora però, è che il messaggio sembra non essere stato compreso da nessuno. Gli uccelli non hanno subito l'influenza della voce divina che riempie la notte, perchè non li si vede rendere un qualsiasi omaggio all'usignolo. Il merlo, la capinera e gli altri uccelli, non solo non tacciono quando egli canta, ma tentano anche di coprire quella voce con i loro canti mediocri. Il barbagianni si nutre indifferentemente del cantore e dell'uccello silenzioso; gli uomini lo ascoltano distrattamente e non si vedono radunarsi piamente sotto l'albero dove il messaggio è proclamato. Alcuni poi sono infastiditi, perchè il loro sonno è disturbato da quella voce troppo bella e troppo penetrante. Ricordo un signore, venerabile e buono, ma cacciatore, il quale diceva che, per mangiarli, preferiva a gli uccelli che non cantano gli uccelli canori, anche se magri.

Una luce è stata accesa nella natura e brucia con incomparabile fiamma, ma nessuno la vede, perchè gli occhi sono volti al basso invece che all'alto. Un suono di essenza divina risuona attraverso le ombre della terra, ma le orecchie rimangono chiuse, perchè ognuno le ha otturate col piombo della incredulità. E anche quelli che credono non sono disposti a udire: molti si procacciano molto male per giungere a una illusoria perfezione; alcuni vanno alla ricerca di maestri per udire la parola illuminatrice; alcuni vanno fin nell'India o nel Tibet nella speranza di trovarvi quei maestri.

E non avrebbero altro da fare che sedersi sul margine di una strada vicina a un giardino o costeggiante un bosco, per ascoltare, chiaro, comprensibile e nella forma più commovente d'espressione, il messaggio che, fra le tenebre della notte, insegna la direzione che l'anima deve prendere verso la luce.

* * *

Lo Yoga indiano, la scienza del respiro, i procedimenti della meditazione tendono all'acquisto diretto della perfezione, ma tutti questi mezzi sono vani, difficili e danno pochi risultati, perchè chi vi si applica non ha appreso a conquistare prima l'energia di perfezione.

Tutti i metodi prescritti chiedono come prima condizione il silenzio mentale, l'interruzione cioè di ogni pensiero per lasciare apparire il fiore della saggezza profonda. Ora il silenzio mentale è molto difficile a ottenersi: i ricordi si radunano in massa quando si vuole scacciarli e, se si giunge a un principio di silenzio, c'è sovente l'apparire di imagini bizzarre o grottesche, che non hanno alcun rapporto con la saggezza profonda. Gli esercizi della respirazione, se possono riuscire a qualcuno, per altri sono penosi, talvolta producono dei turbamenti fisici, più spesso dei turbamenti mentali, mettono poi in uno stato di agitazione nervosa e scoraggiano quelli che vi si sottomettono. Ma per gli uomini comuni - è sempre bene porsi in questa vasta categoria - vi sono metodi più semplici per acquistare l'energia di perfezione. Per la loro estrema facilità saranno ingiustamente scartati dagli orgogliosi, invece sono proprio quelli che permetterebbero di ottenere una divinatrice conoscenza dei mondi superiori.

Il primo metodo è quello di ascoltare i suoni che escono da un giardino o da una foresta. Bisogna scegliere, per quanto è possibile, un luogo non turbato dai gridi discordi delle automobili o della ferrovia, che sono l'espressione della forza retrograda del mondo, di quella che, invece di inalzarsi verso l'ordine spirituale, procede verso il godimento materiale, che sono al polo opposto dell'armonia naturale e la paralizzano come l'introduzione di una grancassa da fiera nell'esecuzione di una sinfonia. Bisognerebbe scegliere poi un giardino dove fossero alberi di diverse specie, perchè più queste sono numerose, più vi sono anime vegetali diverse che si esprimono.

Il vento, passando fra le foglie, tende a risolvere in armonia le meditazioni delle piante. Le anime delle piante sono meno coscienti delle nostre, ma sono meno profondate delle anime umane nella materializzazione per la complicazione degli organi e per l'appetito della separazione egoistica; subiscono la legge della caduta, ma sono più vicine alla vita spirituale, all'origine della vita. La loro voce proclama non il ritorno immediato allo spirito, ma la conformazione alla legge del mondo, perchè l'anima vegetale si è sviluppata nel senso della saggezza. Bisogna cercare di comprendere quella voce, bisogna abbandonarsi alle correnti vegetali che fanno salire attraverso lo spazio un inno di saggezza.

Viene poi il momento che sembra di mescolarsi a quelle correnti e di essere da loro trasportati; ciò però non si produce subito e la qualità degli alberi ha una grande importanza. Ve ne sono degli orgogliosi e poco progrediti, altri chiusi a tutto quello che è umano e alla meditazione dei quali è impossibile partecipare. Alcuni uomini hanno poi delle affinità con certi alberi e non con certi altri; e io non sono lontano dal credere che l'amore che si prova per una particolare regione venga sopra tutto dall'affinità che si ha con la sua vegetazione. I pini, i cipressi, gli eucalipti sono alberi di grande spiritualità e quelli la cui voce è di maggior profitto.

Ma è necessario, per quanto è possibile, scegliere un luogo arborato dove non scorra alcun rivo, perchè il rumore dell'acqua, quello di un fiume, o quello del mare, riconduce l'anima verso la terra, perchè la prossimità dell'acqua trascina la prossimità di un intero popolo di animali, rospi, rane, uccelli, le quali creature mandano appelli d'amore, gridi di fame, gridi di paura, e queste voci, che si considerano come il complemento delle voci della natura, sopprimono col loro carattere materiale ogni espressione sublime degli inni degli alberi.

Tuttavia, per quanto sia puro il canto sorgente dalle essenze vegetali diverse, per penetrarne il senso, distinguerlo dalle altre voci della natura, per esempio dalla voce selvaggia del mare, è necessaria una speciale disposizione d'anima, perchè la qualità del canto è sempre relativa alla qualità di chi ascolta.

Un altro metodo è la contemplazione attenta del cielo notturno, quando le stelle sono chiaramente visibili. Nessuno, o quasi, guarda il cielo; tuttavia dalla sua vista si trae un insegnamento utile allo sforzo di perfezione, una forza corale che segretamente e sottilmente penetra, senza che il pensiero ragionante c'entri. Bisogna guardare il cielo quando non ci sono nubi e quando non brilla la luna, perchè il chiarore lunare riconduce ai sogni terrestri, alle imagini della generazione, alle voluttà dei sensi. L'energia viene dal colore dell'immensità, dalle figure formate dalle stelle e dal loro disordine geometrico.

E' inutile poi, per chi voglia con la contemplazione del cielo inalzare la propria anima, calcolare le distanze, la relatività dello spazio o di altri problemi di quest'ordine. L'esame di questi problemi è fecondo in se stesso, ma è di un altro ordine, produce un accrescimento dell'intelligenza, ma non serve ad acquistare l'energia di perfezione, perchè essa penetra l'essere per altre vie. La contemplazione del cielo e delle stelle produce una specie di semi-estasi durante la quale l'anima è ricettiva e assorbe l'energia di perfezione.

E quando la si riceve, come accade per ogni ricchezza veramente preziosa, non si sa di riceverla.

Capitolo XXXII
Previsione della Mia Morte

Un certo numero di persone hanno l'avvertimento della loro prossima morte. E' questo un grande privilegio che permette loro, per la conoscenza anticipata della data della loro fine, di compiere qualche atto essenziale, di raccogliere intorno a sé qualche pensiero utile; inoltre sono loro risparmiate moltissime angosce nell'ai di là e non corrono il rischio di risvegliarsi bruscamente col rimorso di non avere realizzato uno di quei cari progetti che si rimettono sempre all'ultima ora. Felici quelli che sono informati della loro prossima morte!

Per avere la previsione della propria morte è necessario possedere un'anima illuminata dalla meditazione o essere uniti a un gruppo. Quando si è molto meditato si acquista una certa chiaroveggenza sull'insieme del destino e, con la conoscenza interiore, si può prevedere il proprio passaggio da un mondo all'altro. Ma, se per ragioni diverse, l'anima rimane priva di chiaroveggenza, può darsi che gli esseri del gruppo al quale si appartiene suppliscano alla chiaroveggenza assente. La previsione sopravviene allora, non per una intuizione interiore, ma per un segno esteriore.

Il segno è molto spesso una musica di un ordine trascendentale, udita da chi è prossimo a morire. A questo riguardo, molti esempi si trovano riferiti nei libri. Lattu, discepolo di Ramakrishna, fu avvertito della sua morte dal suono di un flauto. La musica allora ha spesso il carattere di un appello.

Molte famiglie hanno, per tradizione, l'annuncio della morte di un loro membro da una marcia funebre, che, talvolta, è stata sentita anche da persone non appartenenti alla famiglia. Talvolta invece, il segno è l'apparizione di una forma, che generalmente è quella di un parente o di un amico.

Molte volte, gli esseri dell'ai di là, non ostante la loro buona volontà, non possono avvertirci, perchè la loro conoscenza delle cause e degli effetti è poco meno limitata della nostra e perchè più appartengono a una gerarchia elevata più vedono oscure le cose della terra.

La disgregazione fisica che s'inizia nelle molecole del corpo molto prima del momento della morte, ha il suo effetto sul nostro doppio, il quale lo trasmette al corpo spirituale; soltanto per questa via gli esseri spirituali possono avvertirla. La morte poi può essere provocata dall'atto libero ed inatteso di un'altra persona, e quest'atto non può essere previsto né dagli uomini, né dagli Dei.

Un uccello, o il volo di un uccello di un colore particolare che vola in una determinata direzione, sono stati in certi casi gli annunciatori volontari della morte; ciò proveniva dalla comunicazione esistente tra l'anima dell'uomo e l'anima collettiva di una specie di uccelli, i quali, fra tutte le creature animali, sono i più suscettibili di alleanza con gli uomini e, una volta che l'alleanza esiste, si può attendere da lei l'aiuto capitale di annunciare la morte.

La morte talvolta è avvertita come la presenza compatta e dolce di un essere animato nella camera di un agonizzante. Anche a persone sane è avvenuto talvolta d'avvertire tale presenza: era la previsione della morte che sarebbe venuta più tardi. Essa era apparsa, poi si era ritirata.

La forma meno seducente di previsione, che però dovrebbe sempre essere accolta con soddisfazione, è costituita dalla vista della morte nel suo aspetto millenario di scheletro, sopra tutto se ha la velleità di abbracciare. Bisogna in tal caso esaminarla con un saggio discernimento, perchè questa apparizione ha molte probabilità di essere soltanto una creazione della fantasia.

Una notte ebbi la sensazione che fosse venuta l'ora della morte.

Talvolta, di notte, quando ci si sveglia di soprassalto, si ha una diminuzione delle facoltà ragionanti; si è dominati da un ricordo, da una paura, o dal senso di una presenza illusoria e, per un tempo abbastanza lungo, non si ha la possibilità di ritrovare le vere proporzioni delle cose.

Era una notte serena, dalle finestre lasciate semi-aperte vedevo il chiarore della luna. Seduto sul mio letto e nell'incoscienza del risveglio, ebbi la sensazione stupida che la morte, personaggio divino, fosse in quel chiarore col suo aspetto popolare di scheletro con la falce come è rappresentata nelle imagini puerili.

Non feci nulla di quanto m'ero prescritto di fare nel minuto capitale della morte; l'ultimo pensiero, che sapevo tanto importante, non era diretto verso gli Dei e il mondo spirituale, si riferiva a cose terrene, assolutamente terrene. Mi vestii in fretta e discesi rapidamente le scale dell'albergo senza che questa attività modificasse la certezza della mia ultima ora.

Mi trovai innanzi a un porto tranquillo. Non era importante sapere che ora fosse, l'essenziale era di godere una volta ancora della bellezza delle forme che stavo per abbandonare. Le forme erano splendide, impressionanti per l'altissimo silenzio. Simili ad alberi scolpiti, gli alberi della piazza erano immobili; alcune barche, con solenne lentezza, si movevano sulle acque. Concentrai il pensiero su alcune lettere che dovevo scrivere. Dovevo scrivere a delle creature graziose delle cose tenere, insignificanti e tuttavia essenziali. Perchè avevo aspettato tanto? ma pieno di clemenza, il personaggio con la falce mi lasciava il tempo di scrivere.

Bisognava però farlo subito. I caffè erano ancora chiusi: tutto era ancora addormentato. Vidi delle prospettive di strade morte. Forse l'intero mondo moriva insieme con me? Forse la morte totale era già avvenuta ed io ero l'unico superstite sul pianeta. Erano inutili allora le lettere. Ma no, i battelli vogavano benché non soffiasse alito di vento; ero sempre stato confuso dal movimento impresso dalle vele alle barche senza che un solo movimento agitasse l'aria e questo mistero, come molti altri, non sarà mai penetrato.

Cominciai a camminare senza mèta. Perchè la morte non sarebbe una forza distruttrice capace di rivestire la forma prestatale ordinariamente dalla imaginazione popolare? Quando la forza sta per esercitarsi, quegli che l'avverte in sé, vede apparire l'imagine legata all'idea di quella forza.

L'imagine era in un certo senso reale, veramente avevo veduto nel chiarore lunare il personaggio con la falce. Forse aveva disceso le scale dietro di me, forse mi seguiva sorridendo della mia agitazione, e quale sorriso era il suo!

Uscii dalla città con passo rapido; seguii una strada, costeggiando dei boschi di pini dove, di tanto in tanto, sorgeva una casa ancora addormentata. Come vana era stata la mia vita e quanto tempo avevo perduto! Ma in che modo avrei potuto impiegarlo meglio? Perfezionandomi? Ma non era forse questo egoismo? Aiutando gli altri? Ma non erano gli altri, chiusi in una lorica d'orgoglio, inetti a ricevere?

Le stelle erano immobili a una prodigiosa altezza, la bellezza stordiva e io, con tutta sincerità, debbo dire che non ne avevo mai tanto goduto in vita mia. Le lettere che dovevo scrivere mi parvero meno urgenti. Spesso mi ero maravigliato del lieve turbamento prodotto dalla morte di qualcuno nella profondità del cuore. Anche i più amati lo erano per poco tempo soltanto. Avevo conosciuto una donna, amante sì dominata dall'amore che, urlante, si era gettata nella fossa dove era discesa la bara dell'adorato. La strapparono e l'allontanarono dal luogo a viva forza e uno fra quelli che si erano offerti a quel compito era stato da lei morso. Ebbene, una settimana dopo, soltanto una settimana dopo, ella danzava in un ristorante notturno. Numerosi sono gli esempi simili, perchè l'essenza dei nostri legami affettivi è priva di consistenza.

Per significare il rapido oblio, si dice che i morti se ne vanno in fretta; invece i morti se ne vanno lentamente. Attraverso il sogno che li avvolge, mendicano disperatamente un pensiero di amore, ma noi, con gelido silenzio della nostra anima, li fuggiamo.

Seguivo il viaggio delle mie lettere, quando fossero state scritte, vedevo i postini consegnarle ai portinai; assistevo a delle emozioni sincere, ma brevi. Tutte le mie parole d'addio non riuscivano a interrompere le ore dei pranzi, della passeggiata, a mutare il ritmo banale della vita. E, d'altra parte, era molto bene fosse così. Non avevo io detto insistentemente che la morte doveva essere un argomento d'allegrezza, perchè chi muore va verso uno stato migliore? Ma perchè si è sempre illogici, avrei voluto essere certo di non essere stato capito, sicuro di essere rimpianto con le comuni manifestazioni del dolore.

Compresi allora la vera potenza della vita e che ravvicinarsi della morte impone un tradimento di se stessi. Quando si è prossimi a morire, si ridiscende alla radice del proprio essere, dove sono i ciechi istinti; i pensieri superiori, che per sbocciare hanno richiesto degli anni, non sono più uniti a noi: ci abbandonano e ci lasciano soli a ripercorrere tutte le forme della nostra mediocrità fino a che non s'abbia in sé che il primordiale anelito del germe.

Così io ero condotto sulla via da un'avidità di godimento estremo, dall'amore per l'aria pura, per i piccoli giardini, per i pini profumati e camminavo svelto perchè avevo paura, una inconfessata paura di morire. Volevo sfuggire a quello che con la ragione concepivo benefico e desiderabile. La paura stessa mi aveva fatto vedere la morte sotto il suo più puerile aspetto. Ebbi vergogna di me e ritornai sui miei passi, però meno in fretta.

I battelli erano molto lontani sul mare; la notte scolorava; un uomo magro camminava sul porto con sulla spalla una lenza per pescare. Era forse la morte sotto un aspetto più umano, la morte che si sarebbe accontentata di un pesce?

Ritornavo verso l'albergo; le facoltà normali erano quasi ritornate. Rinunciai alla stesura delle lettere e ricordai un articolo di giornale, che dava relazione dell'esperienza di alcuni metapsichici coraggiosi che si erano fatti appendere per analizzare la sensazione della morte e che, ritornati in sé, avevano dichiarato ai colleghi che, «allorché il nodo scorsoio s'era teso, erano stati abbagliati da una vivida luce e storditi da un rumore di tuono». Io invece distinguevo soltanto i vapori grigi del mattino e il rumore di una tromba d'automobile, molto lontana, su una strada; non ero dunque preso da nessun segno precursore della morte. Lodata sia la morte, poiché se ne era andata!

Giunto in camera, gettai uno sguardo sfiduciato alla finestra: non v'era più raggio di luna, non v'era più scheletro, né falce. E allora meco stesso mi rattristai.

Che l'anima mia sia liberata dal timore e ch'ella non lasci cadere i pochi sassolini bianchi raccolti nel deserto, i sassolini bianchi della saggezza, per fuggire una imagine da lei generata! Che l'anima mia non abbia timore dei suoi sogni, anche se l'incorruttibile dea, per annunciare la sua presenza, assumesse la forma scheletrica, anche se, come simbolo della distruzione del corpo, avesse la falce! Anche allora bisognerebbe sorridere alla sua presenza. La morte, a chi sa addurre abili pretesti, doveri da compiere, impegni da soddisfare, accorda una dilazione di tempo. Che l'anima mia si guardi dal chiedere dilazione alcuna! Bisogna seguire la morte con tutto quello che si è amato, senza abbandonare nessuna idea, senza lasciar cadere un solo sassolino bianco. L'anima deve essere come un buon padrone che, al momento di cambiare dimora, chiama tutti i servitori, perchè tutti lo accompagnino là dove egli va. Che penseremmo noi di un padrone che abbandonasse dietro di sé una sua servente perchè ha il viso troppo bello? Che l'anima mia sia liberata dal timore!

Capitolo XXXIII
Previsione della Morte di Tutti

Alcuni scienziati polacchi hanno recentemente studiato il caso di un loro compatriota, che alla presenza di un altro può, senza sbagliarsi, indicare il giorno e l'ora della sua morte. Le sue previsioni abbracciano un periodo di qualche settimana e sono, senza dubbio alcuno, sicure. Il procedimento della sua conoscenza risiede nell'odorato. Non voglio riconoscermi un dono analogo a quello del Polacco dall'odorato perfetto, nessun istituto metapsichico ha studiato le mie facoltà supersensibili, perchè non ne posseggo, tuttavia avverto con certezza la morte della società in mezzo alla quale vivo.

Non posso dire d'avere questa percezione col senso dell'odorato, sebbene dal sottosuolo delle città si levi, su dalle fogne, un mostruoso odore di putrefazione. Non sento la morte camminare alle mie spalle quando cammino per le strade, la percezione mi viene da un senso di cui non so rendermi conto e che è più acuto dell'udito o dell'odorato.

La conoscenza della morte circostante si è da prima manifestata in me con una inquietudine nervosa e con una vaga angoscia, che, in seguito, si è trasformata in compassione per tutti gli esseri che vedevo, perchè avevo l'impressione del carattere perituro di tutto quello che li interessava. Alzavo le spalle vedendo quanta importanza dessero alle opere delle quali abbozzavano il principio e delle quali non avrebbero veduto la fine. Spesso fui tentato di prevenirli, ma mi sono sempre trattenuto dal farlo per l'esiguità delle ragioni che potevo opporre alla cattiva opinione che si sarebbero fatta di me. Ho finito coll'abituarmi a vivere nelle case dalla breve durata, leggendo libri destinati a cadere in polvere, in mezzo a creature che non avrebbero conosciuto la vecchiaia.

Ho dubitato dell'esattezza della mia percezione, mi sono chiesto se, per caso, non mi fossi, per troppo tempo interessato al problema della morte e se ciò non avesse cagionato in me una specie di ossessione. Ho ricordato che l'occultista Eliphas Levi aveva raccontato, in non so più quale libro, che, dopo uno studio profondo della morte, era caduto in uno stato di melanconia infinita che quasi l'aveva condotto al suicidio. Egli attribuiva il fatto alla presenza nella sua atmosfera di fantasmi e di larve erranti.

Un amico incontrato di recente mi aveva raccontato che, per avere continuamente pensato alla morte, era stato assalito da pensieri di suicidio per finirla una buona volta con quel timore.

Non ugualmente accade a me: nessuna larva m'avvolge nelle sue spire, nessun fantasma, e lo rimpiango, viene a visitarmi. Una volta sola, svegliandomi bruscamente, ho avuto la sensazione di una morte prossima, ma quella sensazione fu più l'effetto del sonno e di un irragionevole terrore che un vero e proprio presentimento. La mia previsione invece ha un carattere esteriore, m'è data dagli esseri e dalle cose che vedo e io discerno una concordanza fra questo contributo esterno e il ritmo della mia visione interiore.

Non ho poi alcuna idea del come debba avvenire la morte della società. Sarà dovuta a un cataclisma geografico? seguirà una guerra la cui durata e il cui carattere terribile saranno sufficienti ad annientare le attuali forme della vita? avverrà, come è già avvenuto nella storia, un pullulare di popoli asiatici i quali passeranno su l'Europa e su Parigi come già passarono sulla Persia e su Bagdad? sarà il mondo conquistato dal Bolscevismo e la trasformazione sarà tale da somigliare a una distruzione? Non ho, a questo riguardo, la minima indicazione.

Talvolta ho pensato che l'angoscia collettiva nella quale vivono gli uomini intorno a me, e che è causata dalle nuove difficoltà della vita, avesse potuto comunicarmi il sentimento della morte di tutti, bisognerebbe però che l'angoscia mi fosse stata comunicata a mia insaputa, perchè, personalmente, non la provo, sia per ignoranza delle cause, sia per naturale indifferenza, sia per rassegnazione agli avvenimenti.

Ho potuto notare che il presentimento della morte collettiva mi si faceva più chiaro, ed aveva la forza della certezza, quelle rare volte che mi è capitato di sedermi in una sala da ballo. La danza, o almeno la danza convenzionale ballata oggi, tradisce quelli che vi si dedicano; permette alla loro stupidaggine e alla loro nativa pretensione, generalmente mascherate dall'attitudine o dall'espressione del viso, di emanarsi liberamente. Allorché notavo con tristezza quale concentrazione di mediocrità fosse una sala da ballo, la tristezza mi era sempre accompagnata dal senso che le persone che s'agitavano davanti a me avessero poco tempo di vivere, almeno in quel modo, e che, per conseguenza, avevano ragione di godere gli ultimi loro piaceri. L'impressione mi era confermata da tutti i loro gesti: ogni ballerino sembrava sapere che l'orchestra sarebbe stata interrotta da un rintocco di morte. Ero testimone di uno strano ballo funebre.

Per essere assolutamente sincero, debbo dire che ebbi la stessa impressione al momento della partenza di un mio amico per l'America. Fui tentato di dissuaderlo dal viaggio, avvertendolo che prossime catastrofi gli avrebbero impedito il ritorno in Francia. Non ne feci nulla, perchè sentii che la previsione poggiava su troppo fragili basi, e feci bene. L'amico partì e ritornò tranquillamente, dopo aver concluso affari vantaggiosi e l'unica catastrofe che intanto avvenne non ebbe alcun carattere mondiale: fu una grave malattia dalla quale fui colpito.

Tutto questo diminuisce soltanto in parte il valore della mia previsione, la quale rimane per me un fatto e un fatto che si rinnova. Non è poi assolutamente un argomento contrario il fatto che mesi e mesi siano trascorsi senza che sia apparso un solo segno precursore della morte. Le previsioni non possono misurare il tempo. Se un individuo solo emana un odore di morte, che può essere avvertito da un Polacco qualche settimana prima, la società, che comprende una folla di individui, deve palesare nella sua atmosfera il presentimento della sua fine qualche anno prima.

Se si esamina attentamente la carne di una creatura, non si scorge nessun colore marmoreo indicante la decomposizione; se si osservano le pietre compatte che formano l'ossatura di una chiesa, si trova che sono solide, unite dal cemento, bene connesse; gli ascensori degli alberghi salgono regolarmente, i treni circolano sui loro binari, le persone attendono ai loro affari, la vita è nella sua apparente plenitudine, ma forse velato dalle apparenze, v'è un segreto scoraggiamento, un diminuito ardore, una intima lassitudine, come se a tutte le anime fosse stato dato, senza che se ne siano rese conto, un avvertimento; ed io, forse, ho afferrato questa parola d'ordine senza sillabe.

Inoltre bisogna notare che non sono il solo ad avere la previsione di una catastrofe prossima: un astrologo inglese ha annunciato che il mare invaderà tutto il Nord dell'Europa e che anche una grande parte dell'Inghilterra sarà sommersa. L'anno 1933 è chiamato l'anno del fuoco da un gruppo formatosi a Parigi allo scopo di aiutarsi reciprocamente al momento della terribile crisi materiale che l'umanità sta per attraversare. Altri astrologhi ed altri veggenti sono d'accordo nell'affermare che questa data segnerà, per gli uomini d'occidente, una terribile svolta.

Bene inteso però, che tutte queste annunciazioni possono essere non altro che ramificazioni moderne di quel grande albero di terrore che, attraverso le età, è sempre cresciuto, e che ha sempre fatto fiorire l'attesa della fine del mondo il cui profumo deve essere un bisogno della natura umana, giacché molte persone se ne inebriano.

Personalmente credo che la distruzione della nostra società, come la distruzione di tutto quello che cade in putrefazione mentre ancora vive, sarebbe un gran bene per gli uomini virtuosi e buoni che ne fanno parte. L'espressione dello sforzo umano attuale è la macchina, che converte in laidezza la bellezza. L'essenza di ogni desiderio è la ricchezza, che è il simbolo della materia e del godimento. Lo slancio della società è retrogrado e trascina, nolenti, anche quelli che, nel loro cuore, hanno conservato un frammento di speranza spirituale. La bontà e la virtù si esprimono imperfettamente nella laidezza e nel male e l'attrazione della laidezza e del male è potente perchè si esercita con oggetti familiari e con i minuti piaceri della vita quotidiana.

Anche quelli che non meritano di essere perduti corrono il rischio, senza pensarci, di perdersi.

D'altra parte, quando non si abbia raggiunto un alto grado di sviluppo, si ha tutto l'interesse a mutare frequentemente il corpo, perchè il grano di perfezione che si raccoglie in ogni vita è sopra tutto raccolto durante la giovinezza. Gli uomini si raffreddano rapidamente nel quadro della loro situazione e della loro famiglia, ritengono i loro interessi e gli interessi dei loro prossimi nobili ideali, pochissimi invecchiando intravedono la verità e la coltivano. Più ci si incarna di frequente e più si ha la probabilità di trovare l'incarnazione nella quale apparirà la luce.

E poi, come non pensare senza un fremito di speranza al tempo nel quale le strade si svolgeranno senza essere turbate dal passaggio delle automobili, quando i motori periranno sotto la ruggine, quando gli apparecchi della telegrafia senza fili lasceranno cadere nei cieli le loro braccia, quando gli areoplani morti non attraverseranno più l'azzurro, quando le foreste ricominceranno a crescere, quando gli uomini, fuggendo le tormente da loro stessi scatenate, cercheranno un rifugio sotto gli alberi e fra le pietre e vi ritroveranno forse la saggezza perduta?

In seguito a un grande dolore una persona si ravvede, cambia tenore di vita, diventa migliore. Ugualmente, una catastrofe collettiva sarà per tutti un vasto mezzo di purificazione.

Possano essere veridici i segni della distruzione, avere gli astrologhi calcolato esattamente, veduto bene i veggenti, e la mia umile intuizione aver presentito con esattezza!

Capitolo XXXIV
La Scelta

Molto prima dell'ora della morte, cioè quando si è ancora nello stato umano, bisogna avere fatto una scelta di grande importanza che determina un seguito senza fine di conseguenze, perchè quell'ora può sopravvenire bruscamente e allora non si ha che la possibilità di ricordare in fretta due o tre idee, le quali, naturalmente, debbono essere state rese luminose da molto tempo, per essere visibili non ostante la fretta e l'oscurità.

Si deve avere fatto una scelta irrevocabile fra le due correnti che orientano le anime umane, fra la corrente dell'amore e quella dell'egoismo, fra il bene e il male.

Secondo il Buddhismo primitivo, oltre che nelle forme inferiori a quella umana, si ha la possibilità di incarnarsi sia in quella di Deva, sia in quella di Asura. L'Asura è un essere che, avendo provato le soddisfazioni dell'egoismo, vuole perpetuarle e vuole affermare sempre più la sua personalità, farla maggiormente godere come organismo separato, aspira a una vita sempre più distinta. Nella misura dei suoi mezzi, ritarda il moto verso l'unità dello spirito. Il Deva invece, ha colto, durante il suo passaggio nello stato umano, l'orientamento naturale del mondo, sa che la legge spinge tutte le creature verso l'unità dello spirito con l'espansione dell'amore.

L'uomo deve scegliere fra le due correnti divergenti: la forza di espansione è il bene, la forza di condensazione o di egoismo è il male. E il male non è che la risultante dello sforzo compiuto da tutti gli esseri che non vogliono rassegnarsi ad obbedire alla forza spiritualizzante del mondo e si ostinano a rimanere nella corrente della materializzazione.

L'errore è molto comprensibile e si direbbe che la natura abbia voluto burlarsi delle sue creature. Per innumerevoli età la legge ha comandato alle creature di svilupparsi nell'ordine materiale, di acquistare organi via via più complessi per i quali fosse possibile esprimere delle anime via via più personali, poi, a un certo grado della realizzazione, la legge è cambiata e la corrente che bisogna seguire è spiritualizzante. Gli esseri hanno conquistato la loro personalità per abdicarvi; dopo avere aspirato alla separazione, che hanno perseguita nello spietato combattimento della lotta per la vita, debbono aspirare all'unione per mezzo dell'amore. Chi è ribelle a questa legge ha scelto il male, il permanere dell'essere creato attraverso innumerevoli passaggi di incarnazioni.

La maggior parte degli uomini ha attraversato la vita senza avere conoscenza del problema, è stata divisa fra correnti di altruismo e correnti di egoismo, qualcuno però ha considerato la felicità o l'infelicità che si poteva raggiungere, seguendo la legge cosmica, o entrando in lotta con lei, e ha scelto lo sviluppo a oltranza della propria personalità. Ora la volontà umana può, in una certa misura, contrastare la forza della legge cosmica. Gli uomini che hanno esercitata la magia della volontà, menano spesso una vita ascetica e, come i saggi e i santi, che seguono la legge divina, hanno rinunciato alle ambizioni sociali. Non sono né perversi, né cattivi, nel senso corrente della parola, non compirebbero il male per il male, ma, essendo il loro principio intimo la soppressione dell'amore, distruggono senza pietà tutto quello che si oppone al loro sviluppo.

Questi perfetti orgogliosi, questi egoisti coscienti, benché siano molto numerosi, sono difficilmente riconoscibili nella vita, dove non si vede che la moltitudine dei loro imitatori incoscienti. Attualmente tutti gli uomini agiscono come se deliberatamente avessero scelto il male e sembra che una insensata parola d'ordine abbia circolato per il pianeta poiché ognuno si sforza di distruggere in sé la forza espansiva dell'amore. Questo stato di cose, verosimilmente, non farà che peggiorare e la ragione è facile a comprendersi. Fin dall'inizio del mondo, molti uomini hanno riconosciuto che era cosa saggia sfuggire alla reincarnazione e hanno imparato i metodi che permettono di non ritornare più nella forma umana soggetta al dolore. I migliori abbandonano dunque la terra per sempre. Se questi cuori puri, che si sono elevati verso l'amore divino, fossero ritornati, li ritroveremmo e constateremmo un miglioramento sensibile dell'umanità, ma non li ritroviamo. Al contrario, invece, quelli che hanno sviluppate virtù di ordine materiale, virtù generate dall'amore per il godimento e per il benessere, sono più numerosi di prima. Così vanno anche aumentando gli uomini che si distinguono per coraggio fisico ai quali si concede via via un posto maggiore e una maggiore ammirazione. Si trovano molti eroi pronti a fare sacrificio della propria vita per la famiglia, la società, la patria, o per altri interessi di carattere collettivo. Costoro, perchè sono fortemente legati al gruppo per il quale si sono sacrificati, si reincarnano prestissimo. Gli eroi spirituali, invece, non ritornano più fra di noi, o se ritornano, è in modo assolutamente eccezionale. Così l'umanità, priva di grandi esempi d'amore, diventa sempre più materiale e questa materializzazione non farà che divenire più grave.

La scelta per la via spirituale, la via degli Dei è tanto più urgente, ma sarà sempre più difficile e forse verrà un momento che le due vie non si distingueranno più, perchè ce ne sarà una sola, quella dell'egoismo, e l'altra apparirà una dannosa aberrazione che le società si crederanno obbligate a punire.

La scelta deve essere fatta senza equivoci e con sincerità di cuore, comporta un'alleanza con i Deva ai quali si spera di unirsi e una rinuncia a quella parte di sé che ha aspirazioni terrestri. Questa rinuncia sembra, in un primo momento, molto dolorosa, perchè si crede di rinunciare a un inestimabile tesoro. Bisogna conoscersi molto bene per sapere a che cosa si rinuncia.

Capitolo XXXV
Conosci te Stesso

Conosci te stesso, dice la saggezza degli antichi Greci.

Quando un pellegrino, con la speranza di scoprire la verità, giungeva a Delfo e si presentava alla soglia del tempio, era condotto innanzi al più vecchio sacerdote d'Apollo. Il sacerdote lo guardava in viso: se riconosceva in lui un comune ricercatore della verità, gli chiedeva delle offerte, lo faceva prostrare davanti alle statue, o gli faceva respirare le esalazioni delle erbe sacre, ma se nel suo sguardo scorgeva la luce dell'intelligenza, si accontentava di mostrargli l'iscrizione incisa sul frontone del tempio: Conosci te stesso. E se il pellegrino comprendeva e se, riprendendo il bordone, si accingeva ad allontanarsi, allora il vecchio sacerdote si prostrava innanzi a lui e gli baciava i calzari.

Quest'ultimo caso doveva essere molto raro e a me sembra che, se da Tolosa fossi partito per Delfo per apprendere la saggezza, anche se fossi stato improvvisamente illuminato innanzi alla formula: conosci te stesso, non me ne sarei andato silenziosamente. Avrei voluto vedere il tempio il cui splendore era grande, contemplare le pure forme delle statue, provare l'ebbrezza delle erbe sacre e anche, se avessi potuto, avrei voluto fare una domanda alla Pizia, una domanda di cui avessi saputo la risposta per assicurarmi con l'astuzia del suo carattere veridico. Soltanto dopo, sedendo solitario nella campagna, avrei meditato sulla parola essenziale.

E così si deve fare. Bisogna guardare le statue e anche toccarle per sapere se sono di marmo massiccio, o di gesso cavo, bisogna inebriarsi con le erbe della terra, sopra tutto se sono preparate dagli uomini preposti al tempio, perchè esse permettono certe elevazioni spirituali che è possibile ottenere grazie soltanto il genio delle piante, bisogna interrogare l'oracolo, perchè si può trarre un insegnamento tanto dalla verità quanto dalla menzogna, dopo bisogna guardare in se stessi.

La prima cosa che deve fare chi vuole conoscersi è di guardarsi in uno specchio: è una grande lezione, ma bisogna guardare col partito preso di vedercisi, quindi, guardare lungamente. Quando ho fatto la prova, ho visto un uomo dai capelli molto più grigi di quanto supponevo, ricadenti mollemente come se rimpiangessero la vitalità perduta, ho visto dei poveri capelli. Ho veduto anche due occhi stranamente fissi uno dei quali meno luminoso dell'altro, due occhi sprovvisti di quella bella certezza che si legge negli occhi delle persone che non pensano mai, ho visto un sorriso forzato dove l'ironia volontaria nascondeva l'angoscia.

E dietro quel personaggio molto più vecchio di quanto avevo pensato ve ne era un altro, il doppio scomparso, che appariva attraverso un vapore umido. Quello era grazioso, ma molto giovane. I capelli erano lunghi e forti e tagliati romanticamente, lo sguardo brillante e pieno di fede infantile; nel sorriso meravigliato l'allegrezza della riuscita. Dal suo viso già segnato dal desiderio s'esprimeva la confidenza nella bontà degli uomini e l'amore per la vita.

Che cosa è diventato quell'antico giovane uomo col suo amore per la poesia, le donne e per qualche cosa di indefinito cui, per una piccola felicità, dava il nome di ideale? E' scomparso ed è forse stato il migliore degli esseri dei quali, successivamente, ho avuto la forma. E che cosa sono diventati quelli che l'hanno preceduto, quelli che l'hanno seguito? Il bambino che io fui è morto; il giovane che io fui è morto; l'uomo maturo che ora sono morirà a sua volta nell'ultima trasformazione della vecchiaia. Non rimane che questo contorno nella umidità, al fondo dello specchio. Tutte le creature che io sono stato hanno preso il loro posto in una successione di fantasmi dei quali riassumo la catena perduta.

Conosci te stesso! Perchè sono diverso dagli altri? per quali difetti particolari, per quali minuscoli pregi le cui sfumature costituiscono il mio colore?

Sono qualcuno che ama ascoltare il rumore dei propri passi su una via deserta, quando la sera ha la luce dorata e quando la terra profuma; bisogna però che la strada sia in una certa regione molto limitata, al sud della Francia, fra i Mauri e il Mediterraneo.

Sono uno che ama rimanersene sdraiato su un tappeto, a preferenza arabo, guardando le volute del fumo della sua sigaretta e imaginando maravigliosi visi che non esistono.

Sono uno che ama carezzare la nuca di una donna sognante, per il misterioso calore di vita che se ne sprigiona.

Sono uno che ama leggere dei libri dove sono descritti grandi viaggi e pericolose avventure in paesi dove egli non andrà mai.

Sono uno che si duole di non avere incontrato un cane intelligentissimo fra i cani, o un altro animale amico dell'uomo, come il serpente o l'elefante, che gli avrebbe testimoniato quella amicizia leale di cui soltanto gli animali sono capaci.

Sono uno che si commuove alla bellezza, a quella dei corpi femminei, a quella degli alberi che s'inalzano e a quella di alcuni ritmi di parole.

Sono uno che vorrebbe comprendere perchè l'universo esiste, perchè l'uomo nasce e perchè muore.

Sono uno che non ha potuto perdere mai la sua primitiva facoltà di maravigliarsi, che ha traversato la vita maravigliato e che, senza alcun dubbio, morirà maravigliato.

E poi che sono io ancora? Quasi nuli'altro.

Capitolo XXXVI
L'Abisso del Dubbio

«O Dei mio, perchè mi hai abbandonato?»

Non v'è parola più terribile di questa. Se quegli che, dopo Buddho, fu uno dei più perfetti uomini conosciuti dall'umanità, al momento dell'appressamento della morte, ha dubitato e si è sentito abbandonato, è segno che egli non possedeva una assoluta certezza. Il supplizio della croce, non ostante il sanguinare delle mani e dei piedi, permetteva al suppliziato di resistere per tre giorni nell'agonia, ma sembra che per Gesù la morte sia venuta in capo a tre ore. Egli dunque stava per raggiungere quel regno del Padre che ripetutamente aveva promesso agli eletti, quel regno che è il Nirvana dei Buddhisti, ed avrebbe dovuto già intravederlo e, non ostante il tormento della carne, avrebbe dovuto essere esaltato dalla prossimità dello stato divino. Invece egli ha esclamato: «Perchè mi hai abbandonato?».

Anche Confucio e Buddho hanno esortato i credenti nella loro scienza a non occuparsi di quello che avverrà dopo la morte. Mancava anche a loro la certezza? intravedevano la possibilità che la loro credenza li tradisse? Socrate, secondo l'Apologia, ha detto ai giudici: «Delle due cose una: o è la morte totale annientamento, o è il passaggio a un altro luogo». Non considerava dunque l'ipotesi dell'annientamento come inverosimile, la esaminava seriamente come quella dell'immortalità dell'anima.

Altri filosofi, che per tutta la vita si sono interessati al problema della morte, come Epicuro, Zenone e i loro discepoli, non hanno creduto alla vita futura. Lucrezio ha affermato che l'anima, intimamente legata al corpo, è come quello peritura. «Quando sarò morto, ogni sentimento sarà morto in me» dice Cicerone. «La morte ci consuma e nulla di noi lascia sussistere», dice Seneca. «Non v'è fanciullo, né vecchia sì sciocca, che possa credere quello che si racconta di un'altra vita», dice Giovenale.

Secondo Petrarca, ecco che cosa si credeva ad Avignone, nell'ambiente pontificio: «Il mondo futuro, il giudizio finale, le pene dell'inferno, le gioie del paradiso sono considerate come favole assurde e puerili».

«Possiamo fare molte congetture a nostro vantaggio e avere bellissime speranze, non però alcuna certezza», dice Cartesio.

E le epigrafi che si leggono su alcune pietre sepolcrali rinvenute attestano che anche semplici persone, che non erano né filosofi, né poeti hanno dubitato in tutti i tempi e dubitato tanto fortemente da volere che il dubbio loro fosse inciso sul loro cippo funerario.

«Nell'Ade, dice una, non v'è né Caronte, né Eaco, né Cerbero. Noi tutti inviati nell'Ade dalla morte siamo ossami e cenere».

«Morto per l'eternità, dice un'altra, non dirò né il mio nome, né quello di mio padre, né le mie azioni. Sono un poco di cenere e niente altro, e non sarò mai altra cosa. La sorte mia attende anche voi».

«L'Amenti è il paese del grave sonno e dell'oscurità, soggiorno di dolore per quelli che l'abitano».

Il dubbio dunque è apparso in tutti i tempi e ha avuto altrettanto posto della fede. Una folla d'uomini hanno considerato sinceramente quello che erano, hanno riconosciuto d'essere sì poca cosa che hanno giudicato impossibile che quel poco fosse eterno; hanno pensato che la morte fosse un atto di definitiva distruzione.

Il dubbio è come un abisso e l'anima, quando esso le si presenti, vede subito una profondità che si smarrisce nelle tenebre, ma non è la propria personalità quella che cade nell'improvvisa notte: cadono gli esseri amati ai quali s'era attribuita una vita divina; cadono le belle idee alle quali ci si appoggiava come alle spalle di giovani donne. Quello che ci era caro sparisce, non rimane nulla e si resta in una solitudine disperata innanzi a un nulla che ci spaventa senza distruggerci.

Anch'io, talvolta, mi sono trovato sull'orlo dell'abisso. Non che io fossi andato verso di lui, si era spalancato sotto i miei passi e subito era scomparso lasciandomi appena il tempo di considerare le sue tenebre. Vi sono uomini meno fortunati che l'hanno continuamente innanzi a loro, tuttavia non vi cadono e, non ostante la prossimità dell'abisso, sono felici e contenti della vita.

Tutti i dubbi della terra però non provano nulla. E' normale che l'uomo, fatto di materia e capace soltanto di vedere la materia, non attribuisca una realtà che alle prove materiali. La natura poi, con una misteriosa e sapiente abilità, ha voluto che un triplice velo nascondesse l'esistenza della vita futura, e ha voluto che il segreto fosse come un premio concesso a una certa qualità di saggezza. Ciascuno ha nella sua conformazione spirituale, e al di fuori dell'intelligenza, una facoltà di credere o di non credere, tutti però possono acquistare la facoltà di credere se non la posseggono, tutti possono allontanare e quindi sopprimere l'apparizione dell'abisso. Non debbono farlo col metodo della stupidaggine suggerito dal Pascal, con l'acqua benedetta, con l'obbedienza cieca ai riti e dicendo: Che cosa rischio?

Non v'è mistero cui si debba credere e che non si debba comprendere. Buddho raccomandava ai discepoli di non credere nulla anche delle sue parole, se la loro ragione non riconosceva giusto quello che egli diceva.

L'abisso della fede è altrettanto profondo e anche più pericoloso di quello del dubbio, perchè è più attraente: da lui si leva un profumo che sa di chiesa, ma che invita a un sonno beato dove il pensiero non agisce più. L'epiteto di cieca che spesso si fa seguire alla parola fede è significativo. In questo abisso non si scorge nulla e si cantano degli inni senza conoscerne il senso.

A una certa profondità poi, l'abisso del dubbio e quello della fede si confondono: basta scendere molto.

Chi segua le vie intime della meditazione, penetra nelle acque immobili dell'anima dove non vi sono più correnti, giunge alle silenziose distese dove il sole della terra non è più che un freddo riflesso e intravede un tempio dalle colonne immortali, che trae luce dalla propria sostanza. E' il tempio della certezza dove i pensieri dei saggi brillano come sovrapposti cristalli e dove gli uomini dubitosi hanno tracciato un solco con le loro lacrime. Il tempio è costruito secondo una geometria perfetta come quella del mondo; tutte le figure degli Dei sono scolpite nelle sue architetture; appoggia sulle incommensurabili profondità dell'anima e intorno gli crescono le verità primordiali simili ai fantastici coralli del mondo sottomarino; è perfetto come il numero, luminoso come la verità dimostrata, armonioso come la musica, è immobilmente fisso nelle tenebre degli oceani interiori.

Capitolo XXXVII
La Sorella Segreta

Ognuno di noi vive accanto a una sorella dal viso divino, una sorella segreta di cui ignora il sorriso, cui non ha tocca la veste, di cui non sa l'esistenza. Potremmo essere da lei consolati, quando soffriamo, potremmo, per la sua presenza, essere guariti dal male della solitudine, ma ignoriamo che ella è presso di noi. La sorella è quella parte dell'anima nostra che ci rimane nascosta.

La natura ha voluto che una parte dell'universo ci sia invisibile; con i sensi percepiamo solamente la materia fisica, ma esistono piani più tenui di esistenza che noi ignoriamo; così anche dell'anima nostra conosciamo soltanto il debole frammento illuminato dalla coscienza. L'uomo forse non ha altro mezzo per perfezionarsi che imparare a vedere l'invisibile.

Bisogna scoprire il viso della sorella divina e quando, per una maravigliosa esperienza, si è una volta scoperto, se ne è siffattamente felici che il dubbio muore da solo e la morte diventa desiderabilissima cosa, perchè ci conduce alla identificazione con la nostra anima nascosta. Ma perchè l'identificazione sia, nell'ai di là cosciente, perchè essa abbia effetto pieno, è necessario che l'esperienza sia stata realizzata prima nel mondo delle cause, vale a dire mentre ancora viviamo.

Per scoprire la loro anima, la loro sorella eterna, i santi, i mistici e i semplici filosofi hanno indicato molti metodi di meditazione, ma gli uni e gli altri sono ugualmente inefficaci. Un metodo qualunque ha valore soltanto per chi lo ha trovato. La preghiera rivolta con fervore a qualche Dio è la preparazione alla scoperta dell'anima, ma chi prega senza conoscere esattamente lo scopo della sua preghiera, può anche giungere a un inaridimento del cuore per l'assenza del risultato. L'ignorante che eternamente prega non fa che prepararsi eternamente e talvolta, scambiando il mezzo per lo scopo, può essere condotto dalla sua esaltazione sulla via contraria. Taluni uomini, particolarmente favoriti, giungono subito all'esperienza come se fossero toccati da una speciale grazia. Il poeta Tennyson ha raccontato che l'otteneva quasi a volontà sua, ripetendo per qualche minuto le sillabe del suo nome. Plotino, che per tutta la vita scrutò il problema dell'origine delle cose e della vita futura, vi giunse soltanto in tre riprese. Molti mistici indiani, molti santi cattolici hanno forse raggiunto con l'estasi la conoscenza divina, ma non l'hanno raccontato a nessuno.

La caratteristica dell'esperienza è che ci fa sentire la nostra eternità per un legame che ci unisce all'anima divina; ora può darsi che soltanto le anime che si sanno eterne siano eterne, può darsi che le altre determinino loro stesse con l'ignoranza e la negazione il proprio annientamento.

Ma come giungere all'esperienza che dona la gioia; all'esperienza liberatrice? Se esiste una grazia speciale come conquistarla? Sento che per me sarebbe vano ripetere le sillabe del mio nome: è un metodo strano e forse buono soltanto per il poeta Tennyson. Bisogna aspettare che qualche Deva venga per amicizia e sussurrarci qualche parola a voce bassa, o a tracciare un segno rivelatore fra le oscurità del nostro fantasticare? Spesso ho pensato di essere l'amico di un Deva, ho sentito parole velate, veduto confusamente dei segni. Ma non v'è formula che sia vera se non quella che si trova, non v'è scienza certa se non quella che si impara leggendo il proprio intimo libro.

Vivekananda consiglia, per raggiungere il più alto stato umano, di imaginare un loto aureo posto a qualche centimetro dal proprio capo e di concentrare con la meditazione il pensiero in lui. Consiglia anche di rappresentarsi una fiamma ardente al posto del cuore e di pensare che la fiamma sia la nostra anima. Nella fiamma vi sarà una fiamma più splendente, che sarà l'anima della nostra anima, l'essenza sua divina. Ho modificato nel senso delle mie abitudini ideali l'indicazione di Vivekananda e ho sostituito la fiamma brillante col viso perfetto della sorella sconosciuta, perchè chi nella propria vita abbia posto la massima bellezza in un viso femminile, deve servirsi dei suoi antichi sogni per raggiungere un sogno più alto.

Un tempo credetti fosse necessario abitare in un eremitaggio, farla finita col proprio tenore di vita e invocare nella solitudine la venuta dell'estasi; ora penso che la verità debba potere penetrare in ogni luogo, anche in mezzo ai più volgari uomini, anche fra le occupazioni più consuete. Ho posto nel mio cuore il viso divino ed esso, per tutto il giorno, mi accompagna.

Quando rincaso, quando appendo il cappello e mi seggo, la sera, senza pensare a nulla, sento che è un poco più preciso e indovino i suoi deliziosi lineamenti, il suo sguardo fiso in me con inesprimibile dolcezza. Ho notato che quando avevo un motivo di tristezza era più bello, con gli occhi più luminosamente profondi; si velava invece leggermente se provavo una gioia per una ragione volgare. Ho concluso che c'è un rapporto intimo fra la bellezza segreta dell'anima e il dolore e che la qualità della gioia allontana o avvicina, col variare delle sue sfumature, la presenza della divina sorella.

Forse mi sarà necessario un grande dolore per identificarmi con l'anima divina ed avere coscienza della mia eternità; non è però impossibile che una grande gioia d'amore mi conduca allo stesso risultato. Ognuno porta in sé una conoscenza annunciatrice del senso generale della sua vita: so che ho ceduto al bisogno umano di perfezionare le mie aspirazioni, perchè debbo avvicinarmi al divino con la contemplazione della bellezza.

La sorella il cui viso è apparso nel mio cuore ha in una mano una bacchetta d'avorio intorno alla quale è attorto un serpente d'oro; ha gli occhi azzurrini come Pallade Athena, non ha però le sue forti spalle, né le sue grosse caviglie, né, sopra tutto, il suo casco; ha la statura media, sorride, perchè non è affatto austera e perchè la sua qualità dominante è l'entusiasmo. Si chiama bellezza, ma si chiama anche intelligenza e anche saggezza.

Un giorno ella starà accanto a me; in quel giorno avrò compreso la bellezza del mondo, la necessità e l'urgenza della morte per la quale ci si avvicina alla bellezza la cui sorgente è lo spirito. Avverrà forse durante un pranzo e io smetterò bruscamente di disprezzare senza ragione i miei simili. Invece di vedere intorno a me dei pavoni nero-vestiti, degli uccelli da preda che nascondono gli artigli sotto le scarpette di vernice, dei porci con cravatte colorate, vedrò dei fratelli pietosi che si sforzano di sfuggire alle catene dell'animalità. Avverrà forse in un autobus: i visi anonimi non saranno più muti e chiusi innanzi a me, lasceranno trasparire delle anime viventi e familiari. Avverrà forse in mezzo ai libri, nella mia camera: i pensieri chiusi nei milioni di caratteri dei foglietti diventeranno realtà animata e io mi sentirò uno col movimento eterno dello spirito: i mobili, la città, lo spazio mi sembreranno i riflessi di una più sottile causa prima e, per una espansione piena di gioia nella quale la mia coscienza non sarà affatto annullata, andrò da un capo all'altro dell'universo, penetrando tutte le cose, le più piccole come le più grandi, con la facilità dell'amore.

Farò questa esperienza grazie alla nozione realizzata di quello che per me è stata la bellezza. Comprenderò allora perchè la bellezza, che si chiama anche intelligenza, che si chiama anche saggezza, si chiami anche morte.

E infine penetrerò il senso dell'ammirabile parola dello Zohar: La morte è il bacio di Dio.

Capitolo XXXVIII
Preghiera per Quelli Che Invocano la Morte

Non tutti temono la morte: v'è chi la chiama con ardore profondo e segreto senza lasciare nulla intravedere. Compiono costoro i riti della vita, vanno a gli uffici, stringono la mano a gli amici, si seggono alla tavola familiare, hanno un viso comune e indifferente, tuttavia aspettano e sperano la morte. La timidezza li trattiene, non ardiscono usare violenza al destino, in mezzo al disordine evidente della natura temono di attentare a un ordine misterioso dove hanno il loro posto. Ricordano ancora le maledizioni udite nell'infanzia, le parole del catechismo, la minaccia degli uomini ragionevoli e sopportano la tristezza della vita.

Dio mio! In questa stessa ora notturna vi sono esseri privi d'amicizia e d'amore, che soltanto dalla morte attendono una fraternità sempre invocata, mai incontrata.

Penso alle anime che hanno fame di bontà, che hanno sete di giustizia e che mai sono state saziate.

Penso alle amanti che si sono date con tutta la loro potenza di dedizione e che sono state abbandonate e non sanno come distruggere un corpo privato di piacere e giudicato indegno di amore.

Penso a gli orgogliosi che non si sono mai abbandonati a nessuno, che si sono chiusi nella loro solitudine e ai quali la morte soltanto potrebbe strappare il suggello del silenzio.

Penso a chi ha cercato Dio e non l'ha trovato, a chi ha chiamato e non ha udito risposta, a chi pensa di sentire e di vedere Dio accanto a sé quando verrà la morte.

Penso alle miserabili famiglie che vanno sulle rive dei fiumi e guardano l'acqua passare, dove dei morti più coraggiosi scendono dolcemente, liberati dal peso della miseria.

Penso a tutte le figlie del dolore, che sono chiamate figlie della gioia, a tutti quelli che sono nati senza mezzi di difesa in mezzo alla razza dei lupi, a tutte le creature di Dio che sono le creature dell'inferno.

Penso a tutti quelli che non hanno avuto il pane fatto col grano, né il pane fatto con lo spirito, non il vino fatto con l'uva, né il vino fatto col sogno e che avrebbero preferito la morte al lavoro senza riposo e al riposo senza gioia.

O rapida, abbrevia loro i mali! Vieni a consolarli, o dolce! O lieve, appoggiati sul loro petto! Tu sola dai il pane all'affamato, il vino al sognatore, l'affetto a chi non trovò un cuore fraterno.

Perchè non rispondi alle formule d'invocazione? Perchè la data che arbitrariamente stabilisci è sempre o troppo vicina o troppo lontana? Sei sottomessa anche tu a una maggiore potenza, oppure l'uomo con le sue azioni stabilisce misteriosamente il proprio destino?

Il corpo umano è fragile e laido, ma quanto è difficile distruggerlo! Una intima maestà e una strana possibilità di dolore nascosta nel suo sangue arrestano il braccio di chi vuole colpire se stesso, ma quanti, o morte, ti benedirebbero se, senza interrogarli, tu arrestassi l'alterno moto del loro respiro!

O liberatrice, apri loro la porta. I migliori e i più deboli pongono ogni speranza in te, e anche quelli che per nativa nobiltà non commettono il male, e anche quelli che hanno concepito una idea troppo alta della bellezza delle anime. O divina, mostra loro la vera bellezza della vita!

Capitolo XXXIX
Il Voto

Nel momento della morte bisogna possedere una immensa gioia di vivere.

Ch'io possa ricordare questa parola quando anche per me verrà la fioca luce crepuscolare nella quale solitamente se ne vanno gli agonizzanti. Le molecole del mio corpo si saranno misteriosamente disgregate, ma nessuna risonanza mi avrà avvertito che l'arrestarsi della mia vita è già stato fissato nel segreto orologio che batte nel mio cuore. Che io abbia un solo chiaro minuto per ricordarmi la parola e trasformarla in luce!

So che la via sconosciuta dei morti va verso il sole levante, so che v'è una giovinezza dell'altra vita e che là si è più giovani e più belli, perchè la forma si riveste della purezza dell'anima. Possa io lanciarmi verso quella giovinezza con la gioia di possederla, senza deviare dalla mia strada per un addio impossibile, per un ultimo bacio che non sarebbe dolce ad alcun labbro.

So che la via conosciuta dei morti va verso la terra tenebrosa. Il mio corpo se ne andrà verso un piccolo cimitero da me scelto, al sommo di una collina, fra i pini amichevoli, non lontano dal mare e, in mezzo alle pietre calde e alle bestie colorate, subirà le trasformazioni terrestri. L'anima mia se ne andrà verso il sole levante.

Che io sia allora perdonato da quelli con i quali sono stato poco sincero, da quelli che ho privati di un piacere, da quelli che mi hanno fatto soffrire con la loro laidezza, da quelli la cui ignoranza mi è sembrata maggiore della mia! Che io possa allontanarmi con l'amicizia dei viventi e con la buona accoglienza dei morti!

So che il desiderio della bellezza, gli slanci artistici, le dedizioni di sé, sono qualità che fioriscono con l'espansione dell'anima prodotta dalla morte. Possa io darmi nell'allegrezza, abbracciando quello che non ha confini!

Ma non consento di perdere quello che è stato il mio tesoro umano. Ognuno serba quello che incorpora in sé. Porterò con me le vostre imagini eterne, o voi che per tutta la vita mi avete amato e sorriso con viso affettuoso, come il bagaglio di quell'uomo imperfetto che io sono stato.

Siete pochi, ma che importa il numero? Sono contento della mia parte d'amore. Camminando vi guarderò e vi vedrò sempre, qualunque sia la densità delle tenebre cosmiche adunate intorno a me. So che gli esseri si trasformano e dimenticano. Ma io vi impedirò di dimenticarmi creandovi col mio pensiero fedele.

E fin da ora faccio un voto e, martellandolo nella memoria, consolidandolo col desiderio, lo rendo simile a una freccia d'anima, luminoso come una stella, dotato d'ali come un uccello celeste. Che il voto mi preceda come una guida, portando alle Potenze sconosciute la mia annunciazione.

Tempo verrà forse che, per forza, sarò precipitato nell'incarnazione. Se vi sarà una possibilità di sfuggire a questa caduta mi ci terrò fortemente attaccato come un uomo all'albero maestro durante una tempesta del mare, e aprirò le braccia per attirare a me quello che amo, ma se sarò trasportato da irresistibili correnti, ma se le leggi determinanti mi obbligheranno, se sarò chiamato dal respiro levantesi dalle mie ossa, se a traverso milioni di germi sarò troppo cieco per vedere e formato di una sostanza troppo compatta per udire, faccio voto di cadere fra i compagni dell'attuale vita, fra i quali ancora scrivo queste righe.

Faccio voto di ritrovare quelli che mi hanno fatto soffrire e quelli che mi hanno amato, di portare il loro fardello di male e di speranze cadute per poterli alleggerire col mio nuovo coraggio, per dissetare le loro speranze con la piccola goccia di saggezza che sarò riuscito a strappare alle ombre!

Faccio voto di nascere dallo stesso padre e dalla stessa madre, anche se si troveranno nelle più misere condizioni, perchè la miseria non sarà tale per me se la dividerò con loro. L'infanzia è sempre dolorosa, per la durezza della terra, l'indifferenza di tutti, la limitata coscienza, che siano dunque ancora loro a darmi il calore, il pane e il pensiero! Ch'essi non siano con me severi se, dopo la loro morte, non li ho più pensati. Ch'essi non mi respingano come un ingrato! Che all'alba pronuncino tre volte le sillabe del mio futuro nome, perchè io esca dal mondo delle larve! Che nella culla preparata mi ricevano con i miei tristi pensieri, la mia inquieta curiosità e l'imperituro entusiasmo mio! Ch'essi mettano sulle mie labbra il sale che abitua al salso delle lacrime! Così come io li scelgo nell'ora della partenza, mi scelgano essi nell'ora del ritorno!

Discovery Publisher is a multimedia publisher whose mission is to inspire and support personal transformation, spiritual growth and awakening. We strive with every title to preserve the essential wisdom of the author, spiritual teacher, thinker, healer, and visionary artist.

www.ingramcontent.com/pod-product-compliance
Lightning Source LLC
Chambersburg PA
CBHW021056090426
42738CB00006B/366

9 781788 949729